Michaela Muthig
Und Morgen fliege ich auf

Michaela Muthig

UND MORGEN FLIEGE ICH AUF

VOM GEFÜHL, DEN ERFOLG NICHT VERDIENT ZU HABEN

dtv

Dieses Buch ist auch als eBook erhältlich.

Bei dtv ist von Michaela Muthig außerdem lieferbar:
»Der kleine Saboteur in uns. Unbewusste innere Widerstände erkennen und auflösen«

MIX
Papier | Fördert gute Waldnutzung
FSC www.fsc.org FSC® C083411

2. Auflage 2023
Originalausgabe

Umschlaggestaltung: buxdesign / Daniela Hofner unter Verwendung eines Motivs von erhui1979 / Getty Images
Satz: Nadine Clemens, München
Gesetzt aus der Minion Pro
Druck und Bindung: CPI books GmbH, Leck
Printed in Germany • ISBN 978-3-423-26292-7

INHALT

ZUR EINSTIMMUNG

EIN MÄRCHENHAFTER SPIEGEL

Es war einmal ein Bauernsohn, der in einem Dorf am Fuße des Schlosses lebte. Als er wieder einmal den Acker seines Vaters bestellte, fand er in der Erde einen schimmernden Gegenstand. »Was ist das?«, fragte er sich verwundert. – »Ich bin ein magischer Spiegel«, hörte er den Gegenstand antworten. Es war in der Tat ein Spiegel. Er konnte sprechen, denn er war von einer missgünstigen Hexe verzaubert worden, um die Königstochter durch List und Täuschung in den Wahnsinn und schließlich in den Tod zu treiben. Doch man war ihr auf die Schliche gekommen. Und so hatte man den trügerischen Spiegel tief vergraben, damit er nie wieder ans Tageslicht gelangen sollte. Unter der Erde ruhte er hundert Jahre lang, bis der Bauernjunge ihn zufällig bei seiner Arbeit entdeckte.

Neugierig warf der Junge einen Blick hinein. Doch was er sah, erschreckte ihn. »Aber das bin doch gar nicht ich!«, rief er aus. »Ich bin ja auf einmal klein und hässlich!« Bestürzt ließ er den Spiegel fallen. – »Pass doch auf«, knurrte dieser. »Beinahe hättest du mich zerbrochen! Ich sage dir: Genau so siehst du aus.« – »Aber all die anderen Spiegel, die ich kenne, zeigen mir ein ganz anderes Bild. Ich bin doch in Wirklichkeit viel größer.« – »Sie alle lügen«, versicherte ihm der Spiegel. »Sie sind dazu gemacht, dir zu gefallen, ihnen kannst du nicht trauen. Nur durch mich siehst du, wer du wirklich bist.«

Und der Bauernsohn schenkte ihm sein Vertrauen. Die Jahre vergingen. Aus dem Jugendlichen war ein kräftiger und gutaussehender Mann geworden, doch dies war ihm nicht bewusst. Mehrmals am Tag blickte er in den Zauberspiegel, um sich zu vergewissern, wer er war. Und ohne dass er es merkte, ging eine Veränderung in ihm vor. Er fühlte sich immer kleiner und unbedeutender. Vor den anderen zog er sich zurück, denn sie machten ihm Angst. Schließlich wirkten sie so viel größer und fähiger als er. Immer unglücklicher wurde er und immer seltener verließ er sein Gut, so sehr schämte er sich, sich vor den anderen Dorfbewohnern zu zeigen. Keiner wusste von dem Spiegel und niemand ahnte, was zu der sonderbaren Veränderung in seinem Verhalten geführt hatte.

Bis eines Tages eine junge Frau aus dem Dorf ihm hinterherspionierte. Schon lange war sie heimlich in den stattlichen Bauern verliebt. Aber all ihre Annäherungsversuche waren fruchtlos geblieben und bestürzt sah sie, wie der Mann ihrer Träume immer trauriger und zurückhaltender wurde. Von Neugierde und Mitgefühl getrieben, wollte sie herausfinden, was der Grund für sein sonderbares Benehmen war. Daher schlich sie sich zu der Hütte des Bauern und sah durch ein Fenster, wie dieser den Spiegel aus seinem Versteck holte und hineinsah.

»Was tust du da?«, rief sie voller Erstaunen und so laut, dass er es hören konnte. »Und was versteckst du hinter deinem Rücken?«

Nach anfänglichem Leugnen und vergeblichen Ausflüchten erzählte ihr der Bauer schließlich von seinem Fund. »Lass mich hineinsehen!«, begehrte sie. Als sie ihr Bild sah, musste sie lachen. »Der Spiegel lügt«, rief sie. – »Nein, das tut er nicht. Er hat immer recht behalten. Er ist ein weiser Ratgeber.« – »Ich sage dir: Er lügt!«

Und mit all ihrer Kraft entriss das Mädchen ihm den Spiegel und zerbrach ihn auf dem harten Steinboden in tausend Stücke.

TEIL I

WENN ERFOLG ZUM PROBLEM WIRD

Warum beginne ich dieses Buch mit einem Märchen? In unserer Welt gibt es keine Hexen. Und magische Spiegel erst recht nicht. Aber ist das wirklich so? Ich kann Ihnen voller Überzeugung sagen: Doch, es gibt diese Trugspiegel. Allerdings sind sie nicht in der Erde vergraben, sondern in den Erlebnissen unserer Kindheit. Und wir halten sie auch nicht in den Händen, sondern tragen sie in unserem Kopf.

Wie in meinem Märchen beschrieben, nehmen wir uns selbst und unsere Leistungen oft als ganz klein und unbedeutend wahr, unsere Fehler und Schwächen dagegen als riesig groß. Das Bild, das wir von uns haben, ist dann genauso verzerrt wie das Antlitz des Bauern im magischen Spiegel. Kein Wunder, dass wir uns im Lauf der Zeit immer weniger zutrauen. Egal, was wir tun, wir fühlen uns dabei unzureichend. Selbst wenn wir für besondere Leistungen ausgezeichnet oder befördert werden, denken wir, dass wir doch nur Glück hatten, uns die Anerkennung also gar nicht zusteht. Wir fürchten uns davor, irgendwann einmal als Betrüger enttarnt zu werden. Dann werden alle merken, wie unfähig wir in Wahrheit sind.

Dass wir uns selbst so ganz anders wahrnehmen als alle anderen, hat einen Namen: Psychologen sprechen vom Hochstapler- oder Impostor-Phänomen, neben dem (von mir bevorzugten) Fachterminus ist aber der Begriff Impostor-Syndrom mittlerweile genauso gebräuchlich. Obwohl dieses Phänomen sehr häufig zu beobachten ist und seit etwa vierzig Jahren erforscht wird, haben viele Betroffene noch nie etwas davon gehört. Oft verwechseln sie es mit reinen Selbstzweifeln oder Minderwertigkeitsgefühlen. Auf den folgenden Seiten erkläre ich Ihnen daher, was es mit dem Hochstapler-Phänomen auf sich hat. Ich zeige Ihnen, aus welchen Komponenten Ihr innerer (Zerr-)Spiegel besteht und wie er entstanden ist. Sie wiederum begleiten Marla und Oliver, zwei Betroffene, auf ihrem Weg heraus aus dem Labyrinth der Trugbilder und lernen dabei, welche Schritte Sie gehen müssen, um Ihre eigenen Irrwege zu erkennen und Ihre falschen Überzeugungen nach und nach loszuwerden. Den größten Nutzen ziehen Sie aus diesem Buch, wenn Sie es nicht als bloße Lektüre, sondern gleichzeitig als Arbeitsbuch verstehen. Es besteht aus einer Vielzahl von Übungen und Fragen. Sie wollen dazu einladen, sich mit sich selbst und dem Impostor-Phänomen auseinanderzusetzen. Nehmen Sie sich also Zeit für die Beantwortung der Fragen und führen Sie die Übungen durch, denn durch Lesen allein wird sich nicht viel ändern. Sehen Sie das Buch als einen Wegweiser. Mit seiner Unterstützung werden auch Sie es schaffen, sich aus dem Geflecht aus Denkfehlern, verzerrten Wahrnehmungen und Ängsten zu befreien.

Sind Sie bereit für die Reise hinein ins Reich der inneren Spiegel? Dann mache ich Sie gleich einmal mit Oliver, unserem ersten Impostor-Geschädigten, bekannt.

KAPITEL 1

WAS STIMMT NUR NICHT MIT MIR?

Kaum ein Laut dringt durch das geöffnete Fenster. Nur von fern hört Oliver ab und zu das gedämpfte Geräusch eines vorbeifahrenden Fahrzeugs. Um diese Zeit ist fast niemand mehr unterwegs. Oliver liegt reglos im Bett. Es ist schon die vierte Nacht in Folge, in der er nicht schlafen kann. Ständig kreisen die immer gleichen Überlegungen in seinem Kopf. »Ich muss schlafen. Morgen habe ich ein schwieriges Gespräch mit Herrn Schwarz, da brauche ich doch all meine Konzentration. Warum nur kann ich nicht schlafen?!« Vorsichtig dreht er sich auf die andere Seite. Schon allein beim Gedanken an die morgige Besprechung spürt er, wie sich sein Magen verkrampft. »Wie konnte ich mich nur auf diese Sache einlassen? Wäre ich doch einfach Sachbearbeiter geblieben!« Nicht zum ersten Mal verflucht er innerlich seine Entscheidung, das Angebot seines Chefs angenommen zu haben.

Neun Monate ist es nun her, dass er zum Abteilungsleiter befördert wurde, und seitdem geht es Oliver zunehmend schlechter. Er, der bisher seinen Job geliebt hat, fährt nun morgens mit einem unangenehmen Gefühl zur Arbeit, hat weniger Appetit und nachts keinen erholsamen Schlaf. Anfangs hat ihn diese Veränderung noch nicht beunruhigt. Schließlich ist es normal, sich in einer neuen Position erst eingewöhnen zu müssen. Aber statt nachzulassen, sind das Gefühl der Überforderung und der Erfolgsdruck immer stärker geworden. Und das, obwohl er von seinem Chef gute Rückmeldungen bekommt. Ja, mit jeder gemeisterten Aufgabe, mit jedem positiven Feedback empfindet Oliver seine Situation nur noch belastender.

»Was soll ich nur tun?«, fragt er sich verzweifelt. »Ich merke, wie

es mir Tag für Tag schlechter geht. Wenn ich nichts ändere, dann werde ich davon noch krank. Ich kann so nicht weitermachen. Aber ich kann doch auch meinen Chef nicht enttäuschen! Und wenn ich kündige, was sollen dann meine Frau und meine Mutter von mir denken? Sie wären ebenfalls enttäuscht. Keiner weiß, wie es mir wirklich geht. Alle denken, dass ich selbstbewusst und belastbar bin. Ich könnte es nicht ertragen, ihnen reinen Wein einzuschenken.«

Auch Oliver trägt einen Zerrspiegel in sich. Egal, was er erreicht, wie oft er Anerkennung erhält und wie schnell er befördert wurde, in seinem Inneren ist er fest davon überzeugt, dass er all diese Bestätigung gar nicht verdient hat. Schlimmer noch: Mit jedem Lob wächst die Angst, dass er irgendwann auffliegen könnte. Je erfolgreicher er ist, desto schlechter geht es ihm. Denn eines der ganz wesentlichen Kennzeichen des Hochstapler-Phänomens ist es, dass Erfolg nicht zu einer Zunahme an Selbstvertrauen führt, sondern vielmehr zu Versagensängsten und Selbstzweifeln.

Das ist eigentlich unlogisch. Normalerweise lernen wir aus unseren Erfahrungen und aus den Konsequenzen, die sich durch unser Verhalten ergeben. Verhaltenspsychologen nennen dies »Lernen am Erfolg«. Wenn wir also Angst vor einem Vortrag haben, uns dieser Herausforderung aber dennoch stellen und anschließend Applaus erhalten, werden wir nach und nach unsere Ängste abbauen. Wir erfahren, dass unsere Befürchtung, uns zu blamieren oder andere zu enttäuschen, überflüssig war.

Bei Menschen, die vom Hochstapler-Phänomen betroffen sind, ist das aber anders. So auch bei Oliver. Er übt nun schon eine ausreichend lange Zeit seinen neuen Job aus und hat alle Führungsaufgaben bisher gut gemeistert. Sein Chef ist zufrieden mit ihm, und von seinen Kollegen und Mitarbeitern wird er in seiner neuen Rolle akzeptiert. Eigentlich sollte er gelernt haben, dass seine Fähigkeiten ausreichend sind. Warum also werden Olivers Probleme nicht kleiner, sondern nehmen stattdessen von Woche zu Woche zu?

Weil es sich bei Oliver – und vielleicht auch bei Ihnen – nicht einfach nur um ein reines Selbstwertproblem handelt. Natürlich schätzt er seinen eigenen Wert und seine Fähigkeiten zu gering ein, sonst würde er nicht ständig an sich zweifeln. Aber das reicht nicht aus, um seine Befindlichkeitsstörung zu erklären. Menschen, die »nur« einen geringen Selbstwert haben, lernen irgendwann aus Erfahrungen und freuen sich über Anerkennung. Positives Feedback und Erfolge sind für sie wie eine Art Nahrung für ihr Selbstbewusstsein, das daraufhin wächst und gedeiht.

Merke: Beim Impostor-Phänomen führt Erfolg nicht zu einer Verbesserung der Versagensängste. Er verschlimmert sie sogar.

Menschen, die sich mit dem Impostor-Phänomen herumschlagen, scheinen aber gegen dieses »Selbstwertfutter« allergisch zu sein. Denn es nährt sie nicht, sondern stürzt sie in noch größere Selbstzweifel. Sie sind nicht in der Lage, die Bestätigung und die Erfolge abzuspeichern, damit sie sie später wieder abrufen können. Ihr Gehirn verarbeitet Anerkennung ganz anders. Wenn sie eine Herausforderung gemeistert haben, denken sie nicht etwa: *»Ich bin gut. Ich kann das, und andere erleben das auch so.«* Stattdessen geht etwas ganz anderes in ihrem Kopf vor: *»So ein Glück, dass ich das geschafft habe. Das hätte schiefgehen können. Vermutlich wird es auch irgendwann schiefgehen. Aber jetzt erwartet man von mir, dass es auch beim nächsten Mal klappt. Was, wenn ich es dann nicht schaffe? Irgendwann – vielleicht sogar schon morgen – fliege ich auf!«*

Falls Sie nun denken, dass die bisherigen Erfolge von Oliver oder auch von anderen Betroffenen vielleicht einfach zu klein und unbedeutend waren, um sie von ihren Fähigkeiten überzeugen zu können, so muss ich Ihnen diese Illusion nehmen: Im »Klub der Hochstapler« befinden sich auch gefeierte Keynote-Speaker mit Millionenpublikum, Spitzenverdiener und preisgekrönte Schauspieler. Jodie Foster ist eine der bekanntesten Betroffenen. Als sie 1989 ihren ersten Oscar verliehen bekam, konnte sie das nicht glauben. Sie war innerlich darauf gefasst, dass ihr jemand die Trophäe entreißen und sich bei ihr für diesen bedauerlichen Irrtum entschuldigen würde. Denn aus ihrer Sicht hatte doch gar nicht sie, sondern vielmehr Meryl Streep den Oscar verdient.

Vorsicht, Zerrspiegel:
Wenn Sie für eine Leistung Anerkennung erfahren haben, heißt das nicht, dass von Ihnen jederzeit eine ähnliche Leistung erwartet wird und man enttäuscht ist, wenn Sie diese nicht erbringen.

Und Sie? Denken Sie, dass Jodie Foster eine grandiose Schauspielerin ist, die durchaus zu Recht ausgezeichnet wurde? Dann teilen Sie diese Meinung mit sehr vielen Menschen. Nur nicht mit Jodie Foster. Wie der Bauer im Märchen glaubte sie ihrem inneren Zerrbild mehr als Millionen Fans. Sie sehen also, dass Erfolg, und sei er auch noch so groß, nicht zwangsläufig dazu führt, das Impostor-Phänomen zu verbessern oder gar zu beseitigen. Weil nämlich die Betroffenen ihre Erfolge ganz anders verarbeiten, als man erwarten würde. Für sie sind sie weniger eine Bestätigung ihres Könnens als ein Zufall, und so befürchten sie, dass sie beim nächsten Mal nicht so viel Glück haben werden. Zudem bewirken Anerkennung und Lob nicht etwa, dass sie langsam selbst an ihre

Fähigkeiten glauben, sondern steigern vielmehr den Druck. Und da sie niemand enttäuschen wollen, liegt die Latte der Erwartungen von Mal zu Mal höher.

Zum Hochstapler-Phänomen gehört aber noch viel mehr als nur der ständig zunehmende Erfolgsdruck. Wir glauben so sehr unserer eigenen verzerrten Wahrnehmung, dass wir davon ausgehen, dass alle Menschen um uns herum sie über kurz oder lang mit uns teilen werden. Wenn wir stattdessen Lob oder Anerkennung bekommen, sind wir davon überzeugt, dass die anderen sich täuschen. Ja, schlimmer noch, dass *wir* sie getäuscht haben. Daher fühlen wir uns ständig wie der Hochstapler, der dem Phänomen auch seinen Namen gegeben hat. Wir fühlen uns schuldig wegen dieser Täuschung und befürchten, dass es bei den Menschen, mit denen wir zu tun haben, zu einer Enttarnung, genauer gesagt, zu einer Ent-Täuschung kommt. Unsere größte Sorge ist es, dass man uns irgendwann einmal unseren eigenen Spiegel vorhalten könnte und dann plötzlich alle dieses schreckliche Bild sehen werden, für das wir uns doch so sehr schämen. Die Angst davor, plötzlich als Betrüger aufzufliegen, verstärkt die Versagensängste und verhindert, dass wir stolz auf unsere Erfolge sein können. Denn in unseren Augen beweisen sie nur eins: dass wir geschickt andere Menschen manipulieren.

Vorsicht, Zerrspiegel:
Wenn Sie Erfolg haben, liegt das nicht einfach daran, dass Sie mal wieder mehr Glück als Verstand hatten. Schon möglich, dass auch einmal eine ordentliche Portion Glück dabei war. Wenn Sie aber mehrmals eine Situation gut gemeistert haben, ist das kein Zufall mehr, sondern ein Indiz für Ihre Fähigkeiten – auch wenn Sie diese aktuell nicht erkennen können.

DAS GEFÜHL, EIN FAKE ZU SEIN

Mit pochendem Herzen klickt Marla auf »Senden«. Hoffentlich hat ihr Chef nichts an der Präsentation auszusetzen, die sie ihm gerade geschickt hat. Jemand anders hätte den Auftrag vermutlich in drei Tagen erledigt. Sie dagegen hat zwei Wochen bis spät in die Nacht daran gesessen. Und das, obwohl sie doch langsam Routine darin haben sollte. Sie fühlt sich erschöpft und ausgelaugt. Müde lässt sie ihren Kopf auf die Tischplatte sinken. »Ich hab' einfach keine Ahnung von dem ganzen Zeug«, seufzt sie leise. »Alles muss ich mir erst mühsam anlesen, damit mir kein dummer Fehler unterläuft. Wenn die anderen wüssten, wie unfähig ich in Wirklichkeit bin, wäre ich vermutlich schon längst gefeuert.«

Vor zwei Jahren hat sich Marla nach dem Studium auf eine Stelle als Assistentin in einer Redaktion beworben und sie auch bekommen. Sie ist immer noch dankbar für das Vertrauen, das der Chef ihr gleich zu Beginn entgegengebracht hat. Daher hat sie sich mit Feuereifer an jede ihr anvertraute Aufgabe gemacht. Doch dies ist nach hinten losgegangen. Mittlerweile denkt jeder in der Abteilung, dass sie belastbar und kompetent ist. Keiner ahnt, wie überfordert sie sich fühlt.

Als der Chef sich eine Stunde später höchst zufrieden über ihre Ausarbeitung äußert, atmet Marla erst einmal tief durch. Die Erleichterung hält aber nur kurz an. »Alle denken von mir, dass ich eine Powerfrau bin, dass ich alles kann und nur so aus dem Ärmel schüttle und dass ihre Angelegenheiten bei mir in guten Händen sind. Aber da täuschen sie sich. Sie haben nicht die leiseste Vorstellung davon, wie lange ich tatsächlich an so einer Aufgabe sitze. Bis jetzt hat es keiner mitbekommen, dass ich es gar nicht draufhabe, sondern nur so tue als ob. Aber lange werde ich dieses Arbeitspensum nicht mehr durchhalten können. Und dann werde ich Fehler machen. Irgendwann werde ich mal richtig Mist bauen und alle werden schockiert und enttäuscht sein!«

Marla reagiert – wie alle Besitzer eines Impostor-Spiegels – auf Anerkennung ganz anders, als man erwarten würde. Statt sich über das Lob zu freuen und es anzunehmen, ist es ihr nach einer kurzen Phase der Erleichterung eher unangenehm. Denn sie ist davon überzeugt, diese Auszeichnung eigentlich gar nicht verdient zu haben. Schließlich hat sie für diesen Erfolg zu lange arbeiten und unverhältnismäßig viel Mühe aufwenden müssen.

Hier sitzt Marla einem Irrtum auf, der mit dem Impostor-Phänomen sehr häufig einhergeht: Sie denkt, dass jemand nur dann kompetent oder intelligent ist, wenn er sich sein Wissen nicht extra erarbeiten muss und die Erfolge ihm nur so zufliegen. Sobald sie etwas nicht auf Anhieb versteht und recherchieren muss, fühlt sie sich unfähig. Sie macht sich nicht klar, dass jeder Erfolg auch eine Menge Schweiß bedeutet. In dieser Hinsicht hat Marla immer noch ein sehr kindliches Verständnis von Begabung: Entweder man kann es oder man kann es nicht. Wenn sie also für etwas Zeit und Arbeit investieren muss, ist das für sie der Beweis ihrer Inkompetenz.

Mit dieser Annahme gehört Marla zu den »Naturtalenten«, einem Subtyp des Hochstaplers. Da Forscher festgestellt haben, dass bestimmte Denkmuster – um nicht zu sagen Denkfehler – bei Impostor-Betroffenen immer wieder auftreten, haben sie diese genutzt, um eine Klassifizierung vorzunehmen. Der zufolge ist Marla zusätzlich auch eine Perfektionistin, hat also gleich zwei Gründe, sich wie ein Hochstapler zu fühlen. Perfektionisten gehen nämlich davon aus, dass man nur kompetent ist, wenn man eine perfekte Leistung erbracht hat. Gut ist nicht gut genug, wenn besser möglich ist. Selbst wenn sie Komplimente für ihre Arbeit bekommen, können sie diese nicht annehmen, solange sie selbst noch einen klitzekleinen Fehler oder eine Schwäche in ihrem Werk gefunden haben. Wegen ihres hohen Anspruchs an sich selbst brauchen Perfektionisten natürlich viel länger als andere, um eine Arbeit fertigzustellen. Während die meisten sich mit einer guten Präsentation zufriedengeben, muss für Perfektionisten einfach alles stimmen: jede Formulierung und jede einzelne Formatierung. Diese Mehrarbeit führt nicht nur zur kompletten Überforderung, sondern hat auch noch andere Auswirkungen: Nachdem sie so viel Zeit investiert haben, fühlen sich Perfektionisten, als hätten sie geschummelt. Vor allem, wenn sie wie Marla auch noch zu der Gruppe der Naturtalente gehören.

Merke: Insgesamt gibt es fünf verschiedene Impostor-Typen: Naturtalente, Perfektionisten, Superhelden, Experten und Einzelgänger. Sie unterscheiden sich durch ihr Verständnis von Kompetenz.

Oliver dagegen lässt sich in den Subtyp der Experten einordnen. Er wurde aufgrund seiner Leistungen und seiner Fähigkeiten befördert, hält sich aber trotz allem nicht für qualifiziert genug für die neue Position. Daher bildet er sich auch in seiner Freizeit ständig weiter, besucht Seminare und liest Fachliteratur. Mittlerweile ist er tatsächlich zu einem Experten auf seinem Gebiet geworden, kann dies aber nicht erkennen. Denn seiner Meinung nach muss ein Experte alles wissen oder zumindest einen hohen Grad an Wissen und Fähigkeiten besitzen. Doch je mehr er sich weiterbildet, desto mehr verschiebt er auch die eigene Messlatte, ab wann man sich zu den Experten zählen darf – und zwar immer so, dass sie für ihn unerreichbar ist. Wird er von anderen als Experte bezeichnet, fühlt er sich unter Druck und erst recht wie ein Hochstapler.

Ein bisschen hat Oliver auch etwas von einem Einzelgänger, denn er geht davon aus, dass man sich seinen Erfolg allein erarbeiten muss. Nie würde er andere um Hilfe bitten, denn dann würde er ja zeigen, dass er nicht so kompetent ist, wie sie glauben, und seine Leistung wäre nichts mehr wert. Diese Einstellung vertritt er selbst dann, wenn für alle offensichtlich ist, dass das Arbeitspensum viel zu groß ist, um es allein zu bewältigen – was dazu führt, dass er nur ein suboptimales Ergebnis erzielen kann. Ob er nun um Hilfe bittet oder nicht, beides »beweist« seine Unfähigkeit. Eine Denkfalle, aus der es keinen Ausweg gibt.

Und schließlich gibt es noch die Kategorie der Superhelden. Sie sind so etwas wie die Perfektionisten unter den Perfektionisten. Denn sie erwarten von sich in allen Lebensbereichen – nicht nur auf der Arbeit – eine optimale Leistung: Die Wohnung ist perfekt ausgestattet, der Haushalt läuft wie am Schnürchen. Die Kinder sind wohlerzogen und benehmen sich stets angemessen. Der Freundeskreis ist erlesen, die Finanzen geordnet. Sie jonglieren also mit vielen Bällen gleichzeitig und das auf einem sehr hohen Niveau. Sobald nur ein Lebensbereich nicht den eigenen Ansprüchen entspricht, fühlen sie sich als Versager.

Alle diese Subtypen haben eines gemeinsam: Sie haben eine überzogene Vorstellung davon, was man leisten muss, um wirklich kompetent zu sein. Dieses falsche Verständnis von Kompetenz gründet also zum einen auf einer Erwartung, die so hoch ist, dass sie sie nie werden erreichen können, zum anderen ist es so fest in ihnen verankert, dass sie es nicht mehr hinterfragen. Selbst wenn sie jede Menge Erfolge haben und von allen bewundert werden.

Einen Überblick über die verschiedenen Hochstapler-Typen und deren Verständnis von Kompetenz zeigt die folgende Tabelle:

NATURTALENT

Fähig ist nur, wem alles zufliegt, ohne dass er sich anstrengen muss

TYPISCHE AUSSAGEN:

- Wenn ich für eine Leistung gelobt werde, denke ich sofort: »Wenn die wüssten, wie viel Zeit ich dafür aufgewandt habe.«
- Jemand, der wirklich begabt ist, dem fliegt alles zu.
- Ich habe oft das Gefühl, zu viel für meinen Erfolg tun zu müssen.

PERFEKTIONIST

Fähig ist nur, wer eine fehlerfreie Leistung abgibt

TYPISCHE AUSSAGEN:

- Werde ich für meine Arbeit gelobt, dann kann ich das Lob nicht annehmen, wenn ich bei meiner Leistung einen Fehler bemerkt habe.
- Ich verwende sehr viel Zeit darauf, eine fehlerfreie Arbeit abzuliefern, und ärgere mich, wenn sie dann doch nur mittelmäßig war.
- Ich habe Angst, dass jemand mich für unfähig halten könnte, wenn ich etwas falsch mache.

SUPERHELD

Fähig ist nur, wer in allen Lebensbereichen sehr gut ist

TYPISCHE AUSSAGEN:

- Ich verzweifle oft an mir, denn egal, wie sehr ich mich bemühe, irgendwo geht immer etwas schief.
- Wenn ich mitbekomme, wie jemand alle Lebensbereiche im Griff hat, fühle ich mich im Vergleich dazu klein und mickrig.
- Wenn mich jemand bewundert, dann denke ich mir: »Wenn du wüsstest, wie es privat / beruflich / finanziell bei mir aussieht.«

EXPERTE

Fähig ist nur, wer alles weiß

TYPISCHE AUSSAGEN:

- Ich besuche viele Seminare und lese viel, aber je mehr ich lerne, desto mehr Wissenslücken bemerke ich.
- Ich bewundere Menschen, die ihr Fachgebiet umfassend beherrschen. Davon bin ich noch ein gutes Stück entfernt.
- Wenn ich einmal eine Frage nicht beantworten kann, habe ich Sorge, dass derjenige dann schlecht über mich denkt.

EINZELGÄNGER

Fähig ist nur, wer seine Leistung ganz allein erbracht hat

TYPISCHE AUSSAGEN:

- Ich vermeide es, andere um Hilfe zu bitten oder Hilfe anzunehmen. Das fühlt sich so an, als hätte ich geschummelt.
- Wahre Größen haben ihren Erfolg ganz allein erzielt.
- Ich kann ein Lob nicht annehmen, wenn andere ebenfalls am Erfolg beteiligt waren

Vorsicht, Zerrspiegel:
Kompetenz heißt weder, dass Ihnen die Erfolge zufliegen, ohne dass Sie etwas dafür tun müssen, noch, dass Sie Ihre Leistung ohne fremde Hilfe erbringen müssen.
Um kompetent zu sein, müssen Sie weder allwissend noch fehlerfrei sein.
Und schon gar nicht sollten Sie von sich erwarten, dass Sie in allen Lebensbereichen eine herausragende Leistung bieten müssen, um sich kompetent fühlen zu dürfen.

KREATIVE GEISTERFAHRER

Normalerweise lernen wir aus Rückmeldungen. Man könnte also erwarten, dass Sie immer weniger an sich und Ihren Fähigkeiten zweifeln, je mehr positive Bestätigung Sie erhalten. Wenn Sie immer und immer wieder hören, dass Sie gut sind, dann müsste sich das doch irgendwann in Ihrem Kopf einprägen, oder? Irgendwann müsste Ihnen doch klar werden, dass nicht alle anderen sich irren, sondern dass Sie der Geisterfahrer sind, der in der falschen Denkrichtung unterwegs ist. Aber leider ist das nicht so.

Menschen, die vom Hochstapler-Phänomen betroffen sind, sind sehr lernresistent. Egal, wie viel Anerkennung sie bekommen und welche Auszeichnungen sie erhalten, sie gehen immer davon aus, dass dies nichts mit ihrer eigenen Leistung zu tun hat.

Marla erklärt sich die positiven Rückmeldungen nicht durch ihre Kompetenz, sondern durch ihren Fleiß. Um sich nicht zu blamieren, bereitet sie sich überdurchschnittlich gut vor, verheimlicht aber diese Vorbereitungszeit, da sie Angst hat, dann als unfähig zu gelten. Wenn sie nun eine gute Leistung erzielt und dafür gelobt wird, schämt sie sich, weil sie der Überzeugung ist, die Anerkennung eigentlich nicht verdient zu haben. Eine positive Rückmeldung führt also nicht dazu, dass sie mehr an sich glaubt, sondern verstärkt vielmehr die Sorge, irgendwann aufzufliegen.

Oliver hat eine andere Erklärung für seine Erfolge. Er ist gewissenhaft, einfühlsam und darauf bedacht, mit jedem gut auszukommen. In seinem Kollegenkreis wird er daher sehr geschätzt. Doch Oliver ist davon überzeugt, nur aufgrund seiner Beliebtheit befördert worden zu sein und nicht aufgrund seiner Kompetenz. Er möchte weder seinen Chef noch seine Mitarbeiter enttäuschen und gerät daher immer mehr unter Druck. Je mehr Anerkennung er erhält, desto größer wird die Angst, irgendwann die an ihn gestellten Erwartungen nicht mehr erfüllen zu können.

Merke: Menschen, die unter dem Impostor-Phänomen leiden, sind so von ihrer Unfähigkeit überzeugt, dass sie sich ihre Erfolge immer anders erklären und sich bei einer Anerkennung sofort wie ein Betrüger fühlen.

Auch Aberglaube kann dazu dienen, sich und die eigene Leistung abzuwerten. Die Betroffenen sind davon überzeugt, dass sie nur durch Zufall oder aufgrund schicksalhafter Ereignisse erfolgreich waren. Die Prüfung haben sie nur geschafft, weil sie an ihrem Glückstag stattgefunden hat. Die Bewerbung war deswegen erfolgreich, weil sie vorher ein bestimmtes Ritual angewandt haben. Es liegt nie an ihnen und an ihrer Fähigkeit, sondern an unzähligen anderen Gründen. Bei der Suche nach einer Erklärung, warum sie trotz ihrer Unfähigkeit erfolgreich waren, können Menschen mit Hochstapler-Syndrom überaus kreativ sein.

Wenn Sie sich erst einmal im Impostor-Denken verstrickt haben, finden auch Sie viele tausend Gründe, die belegen, dass Sie den Erfolg gar nicht verdient haben. Je mehr Menschen von Ihnen überzeugt sind, desto größer wird Ihr Unbehagen. Weil Sie das Gefühl haben, sich die Anerkennung mit unlauteren Mitteln erschlichen und alle getäuscht zu haben.

Prüfen Sie sich einmal selbst. Wie reagieren Sie auf ein Lob? Angenommen, Sie erhalten von Ihrem Chef folgende Rückmeldung: *»Auf Sie kann ich mich immer verlassen! Sie sind mein bester Mitarbeiter.«* Was für Gedanken gehen Ihnen dann durch den Kopf?

Ein Mensch, der nicht von Hochstapler-Gedanken betroffen ist, würde dieses Lob einfach genießen. Vermutlich würde er denken: *»Wow! Ich glaube, das hab ich richtig gut gemacht, wenn es sogar meinem Chef auffällt.«* Hochstapler-Gedanken sehen dagegen ganz anders aus: *»Oh je! Jetzt verlässt er sich auf mich. Dabei sind die anderen Kollegen doch viel besser als ich. Hoffentlich merkt er nicht, dass ich gar nicht so gut bin, wie er glaubt. Ich darf auf keinen Fall einen Fehler machen, um ihn nicht zu enttäuschen. Das setzt mich total unter Druck!«*

Erkennen Sie den Unterschied? Im ersten Fall geht der Mitarbeiter davon aus, dass der Chef recht hat. Die Anerkennung bestätigt ihn in seiner Fähigkeit. Im zweiten Fall dagegen zweifelt er das Urteil des Chefs an. Die Anerkennung bestätigt ihn in seiner Unfähigkeit.

Vorsicht, Zerrspiegel:
Eine positive Bestätigung bedeutet nicht, dass Sie mal wieder jemanden an der Nase herumgeführt und über Ihre Fähigkeiten getäuscht haben. Die meisten Menschen haben in der Regel ein sehr gutes Gespür, wer Wissen nur vortäuscht und wer wirklich kompetent ist. Glauben Sie diesen Menschen einfach einmal!

Warum denken wir auch bei der tausendsten Anerkennung immer noch, dass alle anderen irren? Warum kommen wir nicht auf den naheliegenden Gedanken, dass *wir* Unrecht haben könnten? Das liegt an unserem inneren Zerrspiegel. Wir vergleichen uns ständig mit anderen, jedoch immer nur zu unserem eigenen Nachteil. Egal welche Fähigkeit wir haben, unser innerer Spiegel zeigt uns die Menschen in unserem Umfeld, die darin genauso gut oder sogar noch besser sind. Doch alle, die darin schlechter sind, zeigt uns der Spiegel nicht. Er vergrößert sozusagen die Leistung der anderen und verkleinert unsere eigenen Leistungen.

Vorsicht, Zerrspiegel:
Wenn jemand etwas besser kann als Sie, so bedeutet das nicht, dass Sie absolut unfähig sind. Achten Sie einmal darauf, ob der andere auch wirklich in allen Belangen besser ist oder nur in einem speziellen Bereich.

Zudem vergleichen wir nicht das Gesamtpaket – also alle Persönlichkeitsanteile einer Person –, sondern immer nur einzelne Aspekte: Unsere Figur mit der der superschlanken Kollegin, die aber längst nicht so erfahren ist wie wir. Und unser Wissen mit dem etwas korpulenten Kollegen, der schon zwanzig Jahre im Job ist. Nie denken wir: »*Die Kollegin sieht super aus, aber in der Erfahrung bin ich ihr überlegen.*« Oder: »*Der Kollege hat mir einiges an Erfahrung voraus, aber zumindest was die Fitness angeht, kann ich mithalten.*« So funktioniert der Impostor-Spiegel nicht. Er zeigt uns immer nur die Aspekte, die uns mickrig und unbedeutend erscheinen lassen. Die anderen unterschlägt er. Durch diese unfairen und einseitigen Vergleiche kommen wir aber unweigerlich zu der Schlussfolgerung, nicht wissend genug, nicht schlank genug und auch in allen anderen Bereichen unzulänglich zu sein.

Und noch etwas führt dazu, dass wir uns so unfähig fühlen: Menschen, die das Impostor-Phänomen verinnerlicht haben, gehen oft von unrealistischen Idealen aus: »*Wenn ich einen Fehler mache, zeigt das, dass ich im falschen Job bin.*« – »*Wenn besser möglich ist, war meine Leistung nicht gut genug.*« – »*Intelligent bin ich nur dann, wenn mir alles zufliegt und ich nichts dafür tun muss.*«

Solche und ähnliche überzogenen Erwartungen können wir einfach nicht erfüllen. Kein Wunder also, dass wir immer wieder an uns und unserem Unvermögen verzweifeln und das Gefühl haben, alle zu täuschen, um sie nicht enttäuschen zu müssen. Hochstapler täuschen sehr wohl – aber immer nur sich selbst.

Vorsicht, Zerrspiegel:
Keiner – außer Ihnen – erwartet, dass Sie alles wissen und alles können müssen. Solange Sie solch überzogenen Erwartungen an sich haben, werden Sie sich immer für unzulänglich halten.

EIN WEIT VERBREITETES PHÄNOMEN

Vielleicht dachten Sie bis gerade eben, dass nur Sie solche Probleme haben und dass das einfach Ihrer Persönlichkeit geschuldet ist, gegen die Sie nichts tun können. Dieser Ansicht war auch Pauline Clance. Während ihres Psychologiestudiums fühlte sie sich ständig fehl am Platz. Sie hielt sich für weniger intelligent als ihre Mitstudenten und fragte sich, ob sie den Studienplatz überhaupt verdient hatte oder ein anderer mehr davon profitiert hätte. Obwohl sie gute Noten schrieb, quälten sie Selbstzweifel und Unsicherheit. Entgegen ihrer eigenen Einschätzung bewältigte sie das Studium und schloss es mit guten Noten ab. Sie fand eine Anstellung am Oberlin College in Ohio und arbeitete dort als Lehrbeauftragte und Therapeutin.

In dieser Tätigkeit traf sie plötzlich Menschen, denen es ganz ähnlich ging. Mehrere Studentinnen vertrauten ihr im Rahmen eines Beratungsgesprächs an, dass sie sich minderwertig gegenüber anderen fühlten und Sorge hatten, das Studium nicht zu bewältigen. Das Erstaunliche war, dass es sich dabei um sehr intelligente junge Frauen handelte, die viele Kompetenzen mitbrachten und gute Noten schrieben. Warum war es ihnen trotz der positiven Bestätigung und trotz ihrer Intelligenz nicht möglich, das Offensichtliche zu erkennen und ihre Selbstzweifel abzubauen? Dies widersprach allen Grundsätzen der Verhaltenspsychologie. Pauline Clance begann, diese Entdeckung weiter zu erforschen, und zusammen mit ihrer Kollegin Suzanne Imes prägte sie erstmals den Begriff *Impostor Phenomenon*. Das war Anfang der 80er Jahre. Seitdem weiß man schon deutlich mehr über dieses Phänomen.

Es ist weitaus häufiger, als man ursprünglich annahm. Mehr als die Hälfte der Menschen kennen zumindest ansatzweise das Gefühl, ihren Erfolg nicht verdient zu haben, und die Angst, irgendwann in ihrer Unfähigkeit ertappt zu werden. Aus Scham werden diese Gedanken jedoch verheimlicht. Und entgegen den ursprünglichen Annahmen betrifft es nicht nur Frauen. Mittlerweile ist bekannt, dass Männer ebenfalls und in vergleichbarem Ausmaß betroffen sind, sie sprechen nur weniger darüber.

Auch wenn ich es weiter oben schon einmal beschrieb, will ich es hier noch einmal verdeutlichen: Beim Hochstapler-Phänomen handelt es sich nicht einfach um ein Selbstwertproblem. Es ist auch nicht gleichzusetzen mit übermäßiger Selbstkritik, sondern deutlich komplexer. Zwar gehören ein schlechter Selbstwert und ständige Selbstkritik ebenso dazu wie Versagensängste und Erfolgsdruck. Aber in Wirklichkeit besteht der innere Zerrspiegel aus vielen verschiedenen Schichten, die entsprechend zusammenwirken und dazu führen, dass Ihre Selbsteinschätzung völlig verkehrt ist. Und dieses falsche Bild verschlechtert Ihre Lebensqualität, Ihr Selbstverständnis, manchmal sogar Ihre psychische Gesundheit. Mit dem Impostor-Phänomen sind Sie nicht automatisch schon krank (es ist ein Phänomen und keine Krankheit!), aber in ausgeprägten Fällen kann es dennoch zu psychischen Störungen wie zum Beispiel einer Depression oder einer Angststörung führen. Und selbst ohne dass es einen eigenen Krankheitswert hat, verursacht es doch ziemlich großes Leid. Sie stehen ständig unter einer inneren Anspannung, können Ihre Erfolge nicht mehr genießen, haben Angst vor einer Enttarnung und Ihr Selbstwert wird immer schlechter, je erfolgreicher Sie werden. Menschen mit Impostor-Gedanken bleiben oft unter ihren Möglichkeiten, weil sie sich eine Karriere nicht zutrauen. Und wenn sie doch befördert werden, setzen sie sich starkem Stress aus. Keine schöne Vorstellung, oder?

Lassen Sie uns daher etwas ändern! Ich zeige Ihnen in den nächsten Kapiteln, aus welchen verschiedenen Aspekten sich das Impostor-Phänomen zusammensetzt und welche davon wir beeinflussen können.

Doch erst einmal sind nun Sie dran. Am Ende eines jeden Kapitels lade ich Sie dazu ein, sich mit sich selbst auseinanderzusetzen und das eben Erlernte auf Ihr Leben zu übertragen. Gewinnen Sie also einen Überblick, wie sehr Sie selbst vom Impostor-Phänomen betroffen sind, und beantworten Sie für sich die folgenden Fragen.

SELBSTREFLEXION:

In welcher Form zeigt sich das Impostor-Phänomen bei mir?

- Wie habe ich mich in den letzten Jahren beruflich entwickelt? Wie ging es mir psychisch mit diesen Entwicklungsschritten?
- Sehne ich mich nach den Zeiten zurück, als ich noch am Anfang meiner Karriere stand und keiner etwas von mir erwartet hat? Falls ja: Was ist heute schlechter?
- Wie haben sich meine Selbstzweifel entwickelt? Werden sie eher geringer, je länger ich im Beruf bin, oder sogar stärker?
- Wie erkläre ich mir, dass andere mehr von mir halten als ich selbst?
- Wie definiere ich Kompetenz? Warum denke ich, dass ich nicht kompetent bin?
- In welchen Situationen habe ich Angst, Fehler zu machen und andere zu enttäuschen?
- Wie reagiere ich körperlich vor und während dieser Situationen?
- Vor welchen Reaktionen habe ich dann am meisten Angst?
- Wie reagiere ich auf eine positive Rückmeldung?
- Wie gehe ich mit Erwartungen anderer um?

KAPITEL 2

EIN VIELSCHICHTIGES PROBLEM

»Impostor-Phänomen …« Mit großen Augen starrt Marla den Betriebspsychologen an. Lange hat sie mit sich gerungen, ob sie ihm wirklich von ihren Sorgen und der zunehmenden Stressbelastung erzählen soll. Aber da er ihr überzeugend vermitteln konnte, dass er auch gegenüber ihrem Chef und ihren Kollegen die Schweigepflicht einhalten müsse, hat sie sich ihm dann doch anvertraut.

»Sie meinen …«, beginnt sie erneut, »dass ich unter einer Krankheit leide?« – »Oh nein, da habe ich mich etwas unklar ausgedrückt.« Der Mann ihr gegenüber schaut sie freundlich an und hebt beschwichtigend die Hände. »Es ist keine Krankheit. Es ist in erster Linie eine Erklärung dafür, warum Sie immer mehr an sich selbst zweifeln, obwohl Sie doch sehr kompetent sind. Ihre Sorgen sind aus meiner Sicht nämlich ganz unbegründet. Mit diesem Problem sind Sie übrigens beileibe nicht die Einzige.« – »Aber bin ich das wirklich? Also, kompetent, meine ich«, fragt Marla. »Und wenn ja, warum können das andere erkennen, aber ich nicht? Wie können Sie sich so sicher sein, dass die anderen besser über mich und meine Fähigkeit Bescheid wissen als ich? Die kennen mich doch gar nicht so gut, wie ich mich kenne.« Sie spielt mit ihrer Handtasche und traut sich kaum, ihr Gegenüber anzusehen. Zu gern würde sie hören, dass er recht hat. So sehr sehnt sie sich nach guten Argumenten. Nach Argumenten, die ihr unwiderlegbar beweisen, dass sie doch nicht die unfähige Person ist, für die sie sich dauernd hält. Und gleichzeitig befürchtet sie, dass der Psychologe ihr auch nicht weiterhelfen kann. – »Eine Menge guter Fragen«, setzt dieser nach einer kurzen Gedankenpause zum Sprechen an. »Ich werde Ihnen erklä-

ren, was es mit diesem Impostor-Phänomen auf sich hat, doch dazu muss ich etwas weiter ausholen. Denn im Grunde genommen ist das eine ganz schön komplexe Angelegenheit.«

In der Tat ist das Hochstapler-Phänomen ein komplexes Problem – oder sagen wir eher, ein vielschichtiges. Denn wie ein echter Spiegel besteht auch der innere Impostor-Spiegel aus mehreren Schichten. Jede einzelne Schicht ist mit der nächsten verbunden und sorgt dafür, dass das Selbstbild verzerrter, aber gleichzeitig auch überzeugender wird. Erst durch das Zusammenwirken aller Schichten entsteht das Vollbild des Hochstapler-Phänomens.

Anders als in meinem Märchen können wir den Spiegel nicht einfach zerschlagen, sondern wir müssen ihn Schicht für Schicht abtragen. Das ist ein langwieriger, aber lohnender Prozess, denn mit jeder Schicht, die Sie abgetragen haben, werden Sie eine Verbesserung spüren, und Ihr Selbstbild wird sich merklich verändern.

DIE ERSTE SCHICHT: UNSERE WAHRNEHMUNG

Ein herkömmlicher Spiegel besteht zunächst aus einer Glasscheibe. Sie schützt zum einen die darunter liegende Spiegelschicht und lässt zum anderen Licht hindurchfallen. Die Lichtstrahlen gelangen durch das Glas zum eigentlichen Spiegel und werden dort reflektiert. Wie beim richtigen Spiegel besitzt auch unser innerer Spiegel ein solches Transportmedium, nämlich unsere Wahrnehmung. Wir nehmen die Reize unserer Umgebung durch Augen, Ohren und weitere Sinne auf und leiten sie an unser Gehirn weiter. Aber anders als bei einem normalen Spiegel werden nicht alle Reize übermittelt, sondern wir treffen ganz unbewusst eine Vorauswahl.

Kennen Sie Wimmelbilder? Große Bilder, die aus vielen kleinen Szenen und unzähligen Details bestehen? In meiner Kindheit waren sie ein sehr beliebter Zeitvertreib. Ich konnte stundenlang daraufschauen und fand doch immer wieder etwas Neues. Wenn Sie ein solches Wimmelbild zur Verfügung haben (Sie können sich auch eines aus dem Internet herunterladen), machen Sie doch einmal folgenden Selbstversuch: Nehmen Sie das Bild in die Hand, schauen Sie drei Sekunden darauf und dann schließen Sie die Augen. Zählen Sie nun mit geschlossenen Augen die Details auf, die Ihnen aufgefallen sind. Wenn Sie fertig sind, geben Sie das Bild einer anderen Person und stellen ihr dieselbe Aufgabe. Vermutlich wird sie andere Dinge nennen. Und wenn Sie es bei einer dritten und einer vierten Person versuchen, werden Sie erleben, dass auch diese ganz unterschiedliche Details aufzählen werden. Denn unsere Augen können zwar eine Vielzahl an Reizen in einem kurzen Augenblick erfassen, das Gehirn verarbeitet aber nur einen Bruchteil davon. Es wählt vor allem die Informationen aus, die für uns wichtig sind.

Am Beispiel des Wimmelbilds können Sie erkennen, dass unterschiedliche Menschen verschiedene Informationen abspeichern. Wir können daraus schlussfolgern, dass jeder Mensch und somit jedes Gehirn andere Dinge als bedeutsam bewertet. Doch nach welchen Kriterien entscheiden wir unbewusst, was wichtig ist und was nicht?

Merke: Unsere Wahrnehmung rückt im Allgemeinen unsere größten Ängste in den Mittelpunkt. Beim Impostor-Phänomen verstärkt sie damit die schlechte Meinung, die wir von uns haben.

Unser Gehirn verarbeitet Signale vor allem dann, wenn sie eine bestimmte Bedeutung für uns haben, ganz besonders aber, wenn eine Gefahr droht oder ein starkes Bedürfnis befriedigt werden kann. Jemand, der gerade eine Diät hält, wird plötzlich überall Schokolade entdecken, weil er sich nun sehr stark nach etwas Süßem sehnt. Und ein Mensch mit Spinnenangst erkennt eine Spinne viel früher als jemand, dem die Achtbeiner völlig egal sind.

Bei unserem inneren Impostor-Spiegel funktioniert dieses Prinzip ganz genauso. Wir registrieren vor allem die Reize, die für uns eine Bedrohung bedeuten könnten, und verstärken dadurch das Selbstbild, das wir von uns bereits haben. Wenn Sie als vermeintlicher Hochstapler Angst davor haben, jemanden zu irritieren oder gar zu enttäuschen, werden Sie ein Stirnrunzeln oder eine distanzierte Körperhaltung bei Ihrem Gegenüber sofort registrieren. Befürchten Sie, dass Sie während eines Vortrags rot anlaufen oder stottern könnten, wird Ihre Wahrnehmung gegenüber ihrem eigenen Körper geschärft und Sie bemerken sogar kleinste Temperaturveränderungen. Und besteht Ihre größte Furcht darin, dass Sie gegenüber anderen nicht mithalten können, so werden Sie bei allen anderen deren Stärken registrieren, während Sie bei sich selbst nur die Fehler und Schwächen wahrnehmen.

Vorsicht, Zerrspiegel:

Wenn Sie bei sich viele Fehler und Schwächen entdecken, sagt das nichts über Ihre eigentliche Fähigkeit aus, sondern vor allem darüber, dass Sie Angst davor haben, Fehler zu machen und Schwächen zu zeigen.

Wenn Sie bei anderen Menschen überragende Leistungen beobachten, heißt das nicht, dass sie tatsächlich besser *sind*, sondern dass Sie *befürchten*, sie könnten es sein.

Als ich noch am Anfang meiner ärztlichen Laufbahn war, fühlte ich mich im Kontakt zu den Patienten noch sehr unsicher und ungeschickt. Ich erinnere mich gut, wie ich einmal gemeinsam mit einer Kollegin, die fast zeitgleich mit mir begonnen hatte, mit Angehörigen gesprochen und sie über die weiteren Behandlungsschritte aufgeklärt hatte. Nach dem Gespräch setzten meine Kollegin und ich uns noch einmal kurz zusammen, um den Verlauf zu reflektieren. Ich war froh, dass sie dabei gewesen war, denn sie hatte mit klaren Worten die wesentlichen Informationen vermittelt, während ich immer wieder herumgestammelt hatte. Als ich ihr dies erzählte, sah sie mich erstaunt an. »Wie?«, rief sie. »Ich hatte genau den gleichen Eindruck – aber umgekehrt!« Es war das erste Mal, dass mir wirklich bewusst wurde, dass ich meiner eigenen Wahrnehmung nicht immer trauen kann.

Indem wir unsere Aufmerksamkeit auf mögliche Bedrohungen richten, bestärken wir ganz automatisch auch unser inneres Bild. Wir haben Angst, dass wir nicht gut genug sind, und registrieren damit automatisch all die Signale, die auf eine solche Gefahr hindeuten. Ohne dass uns dies bewusst wird, sammeln wir also zahlreiche Beweise für unsere eigene Unfähigkeit. Die Hinweise, die für uns eher neutral oder positiv sind, filtern wir dagegen oft aus. Sie sind irrelevant. So wie wir auch all die schönen Blumen nicht mehr wahrnehmen, wenn wir uns Auge in Auge mit einem freilaufenden Tiger befinden.

Machen Sie den CHECK:

Wie steht es um Ihre Wahrnehmung?

- Schreiben Sie jeden Abend die Ereignisse des Tages in Stichpunkten auf. Welche sind Ihnen in Erinnerung geblieben? Überwiegen eher die positiven oder die negativen Erlebnisse? Welche Anerkennung haben Sie heute erhalten? Welche Fehler sind Ihnen unterlaufen?

- Überlegen Sie zudem, an welche wichtigen Lebensereignisse Sie sich spontan erinnern können. Waren diese gut oder schlecht? Welche Rolle haben Sie dabei gespielt? Die des strahlenden Helden oder eher die der tragischen Gestalt?
- Das, was Sie registrieren und abspeichern, gibt Ihnen erste wichtige Rückschlüsse auf Ihre Grundeinstellung und Ihr Selbstbild. Fragen Sie sich nun: Welche Grundüberzeugungen über meine Leistungen und meine Fähigkeiten habe ich? Nehme ich meine Stärken oder eher meine Schwächen wahr? Bemerke ich bei anderen Menschen eher die guten Leistungen oder die Fehler?

DIE ZWEITE SCHICHT: UNSERE BEWERTUNG

Nach der Glasscheibe kommt als Nächstes der eigentliche Spiegel. Dieser besteht meist aus einer dünn aufgetragenen Silberschicht. Das Licht, das durch die Glasscheibe eingetreten ist, wird durch das Silber reflektiert.

Und beim Impostor-Spiegel? Wenn wir den Vergleich mit einem Spiegel weiterführen, so entspricht die Silberschicht unserer kognitiven Verarbeitung, also unseren Gedanken und Interpretationen, die im Gehirn stattfinden. Passenderweise sprechen wir ja auch gern davon, dass wir unsere Eindrücke reflektieren, also widerspiegeln. Unser Gehirn arbeitet jedoch nicht fehlerfrei, sondern weist bestimmte Eigenheiten auf, die nicht nur beim Hochstapler-Phänomen zu finden sind, aber dort ganz besonders. Sie erklären auch, warum wir bezüglich unserer eigenen Leistung so unglaublich lernresistent sind.

Ich habe bereits aufgezeigt, dass wir unserem inneren Zerrspiegel mehr glauben als den unzähligen Gegenbeweisen, die wir doch Tag für Tag erhalten. Selbst beeindruckende Erfolge und Hunderte von Komplimenten bringen uns nicht dazu, unser negatives Selbstbild zu hinterfragen und endlich einmal umzudenken. Daran ist die Art und Weise schuld, wie Hochstapler-Menschen denken. Sie gehen von zu hohen Idealen aus, stellen unfaire Vergleiche an und haben für ihre Erfolge eine andere Erklärung als für ihre Misserfolge.

WAS NICHT ZU HUNDERT PROZENT GUT IST, IST AUTOMATISCH SCHLECHT – ABER NUR BEI UNS!

Stellen Sie sich vor, dass Sie eine Auftragsarbeit erstellt haben. Über vierzig Seiten haben Sie Fakten analysiert und bewertet, Schlussfolgerungen gezogen und in Worte gefasst. Nachdem Sie die Arbeit weitergegeben haben, bemerken Sie, dass Ihnen zwei Tippfehler unterlaufen sind. Wie denken Sie nun über den Wert Ihrer Arbeit?

Oder eine andere Situation: Sie halten einen Vortrag. Über zwanzig Minuten sprechen Sie fehlerfrei und ohne sich zu verhaspeln und bemerken, dass Ihre Zuhörer aufmerksam lauschen. Am Ende werden Ihnen mehrere Fragen gestellt, eine davon können Sie nicht beantworten und beginnen zu stottern. Wie bewerten Sie nun Ihre Performance?

In beiden Fällen ist es wahrscheinlich, dass Sie plötzlich Ihre ganze Leistung in Frage stellen. Zwei Tippfehler wiegen schwerer als die Fakten, die Sie über vierzig Seiten herausgearbeitet haben. Ein hervorragender Vortrag ist nichts mehr wert, wenn Sie auf eine Frage keine Antwort wussten.

Dieses Denken in Extremen tritt insbesondere bei Perfektionisten auf. Aber es ist auch bei vielen anderen Menschen zu beobachten. Unserem Gehirn fällt es leichter, die Welt in klar erkennbare

Kategorien einzuteilen wie beispielsweise »gut« oder »schlecht«. Und so tappen auch wir immer wieder in die Alles-oder-nichts-Falle: Eine Leistung wird nur dann als wertvoll erachtet, wenn sie komplett fehlerfrei ist, ganz egal, wie herausfordernd sie war. Souverän und kompetent sind wir nur, wenn wir alle Fragen beantworten können, selbst wenn wir mit tausend Fragen gelöchert werden. Und so setzen wir an uns so hohe Ansprüche, dass wir eigentlich nur scheitern können. Wird dieses Denken so übermächtig, dass es uns nicht mehr gelingt, uns davon zu distanzieren, entsteht daraus Perfektionismus.

Merke: Schwarz-Weiß-Denken (auch dichotomes Denken genannt) tritt häufig beim Impostor-Phänomen auf. Wenn die Leistung der Betroffenen auch nur einen Mangel aufweist, ist sie in ihren Augen nichts mehr wert.

Interessanterweise beurteilen wir die Leistung anderer ganz anders. Eine Arbeit, die wir nicht selbst ausgeführt haben, würden wir niemals in der Luft zerreißen, nur weil in ihr zwei Tippfehler waren – vielleicht würden sie uns noch nicht einmal auffallen. Und wir würden nicht schlecht über einen exzellenten Redner denken, wenn er einmal bei einer Frage die Antwort schuldig geblieben ist.

In Bezug auf andere wissen wir durchaus, dass niemand perfekt ist. Wir können die Grautöne erkennen und die Leistung trotz kleiner Schwächen durchaus würdigen. Bei uns selbst aber sehen wir nur Schwarz und Weiß. Dies führt dazu, dass wir im Vergleich zu anderen immer schlechter dastehen. Denn diesen gestehen wir Fehler zu, uns jedoch nicht. Doch das ist nicht die einzige Erklärung dafür, warum wir hinsichtlich der Anerkennung unserer Leistung so beeindruckend unbeeindruckt bleiben.

FÜR MISSERFOLGE SIND WIR ZUSTÄNDIG, FÜR ERFOLGE DIE ANDEREN

Ein weiterer Grund dafür liegt im sogenannten Attributionsstil. Dieser steht für die Art und Weise, wie wir Ereignisse begründen. Wenn uns etwas widerfährt, können wir dieses Geschehen auf uns beziehen – oder eben nicht. Wir können uns dafür verantwortlich fühlen oder es durch äußere Umstände erklären. Die Entscheidung liegt bei uns.

So kann eine vergleichbare Situation zu zwei völlig unterschiedlichen Interpretationen führen. Um das zu veranschaulichen, erzähle ich gerne einen bekannten Witz: Ein Hund und eine Katze treffen sich und unterhalten sich über ihre Besitzer. Der Hund erzählt: »Mein Herrchen füttert mich. Er streichelt mich. Er bietet mir ein warmes Körbchen und sorgt für mich. Er muss ein Gott sein!« Die Katze hat ganz ähnliche Erfahrungen gemacht. Sie berichtet: »Mein Herrchen füttert mich. Er streichelt mich. Er bietet mir ein warmes Körbchen und sorgt für mich. Ich muss ein Gott sein!«

Diese Unterhaltung der beiden Haustiere zeigt sehr deutlich den Attributionsstil: Der Hund attribuiert nach außen (externer Attributionsstil). Er begründet das, was ihm widerfährt, mit äußeren Ursachen. Es liegt am Herrchen und nicht an ihm, dass er so behandelt wird. Die Katze hingegen attribuiert nach innen (interner Attributionsstil). Sie registriert das gleiche Verhalten, führt es jedoch auf sich selbst zurück. Und schon haben wir eine völlig andere Erklärung.

Wie ist das nun bei Impostor-Menschen? Attribuieren sie eher nach innen oder nach außen? Die Antwort lautet: sowohl als auch. Erfolge und Leistungen werden mit äußeren Faktoren erklärt. Der Zufall oder die Sympathie der anderen hat dazu geführt, dass sie erfolgreich waren. In einer Gruppe sehen sie vor allem die anderen als Leistungsträger oder Erfolgsgaranten an. Anders ist es, wenn etwas misslingt. Dort übernehmen Impostor-Menschen sofort die komplette Verantwortung und suchen den Fehler bei sich. Bei Erfolgen sind sie also Hund und bei Misserfolgen Katze.

Merke: Wenn wir jeden unserer Misserfolge mit eigenem Versagen erklären und jeden unserer Erfolge mit äußeren Umständen, müssen wir unweigerlich zu der Einsicht gelangen, nicht gut genug zu sein.

Eine typische Impostor-Einschätzung hörte ich von einer Bekannten. Sie berichtete mir, dass sie früher immer dachte, nur intelligente Menschen könnten ein gutes Abitur hinbekommen. »Dann aber habe ich selbst Abitur gemacht und zwar mit einer 1,0. Seitdem weiß ich, dass das Abitur überschätzt wird. Wenn sogar ich ein Einser-Abi machen kann, kann es ja nichts Gescheites sein.« Sie sehen, die Menschen werden sehr kreativ, wenn es darum geht, sich die eigenen Erfolge schlechtzureden und an ihrer Unfähigkeitsüberzeugung festzuhalten.

Mittlerweile weiß man, dass unsere Attribution vor allem damit zusammenhängt, ob wir den Erfolg erwartet haben oder nicht. Wenn wir eigentlich mit einem Versagen gerechnet haben, neigen wir eher dazu, äußere Umstände oder den Zufall für den positiven Ausgang verantwortlich zu machen. Haben wir mit einem Erfolg gerechnet, sehen wir die Ursache dafür mehr in unserer eigenen Leistung und weniger in externen Faktoren. Es ist also wieder mal unsere Grundhaltung, die dafür sorgt, wie wir uns selbst und all die Ereignisse um uns herum bewerten.

Vorsicht, Zerrspiegel:

Wenn Sie einen Fehler machen, ist nicht gleich die ganze Leistung ungenügend.

Erfolge können ebenso wie Misserfolge durch äußere Umstände erklärt werden. Wenn Sie ein positives Ergebnis mit reinem Glück begründen, können Sie bei negativem Ergebnis genauso gut schlicht Pech gehabt haben.

Nur weil Sie erwartet haben zu scheitern, heißt das noch lange nicht, dass Ihr Erfolg unverdient war. Sie können auch einfach Ihre eigenen Fähigkeiten unterschätzt haben.

Machen Sie den CHECK:
Wie interpretieren Sie Fehler und Erfolge?

- Wie gehen Sie mit eigenen Fehlern um? Führt ein geringer Schnitzer bereits dazu, dass Sie an der Qualität Ihrer Arbeit zweifeln? Können Sie den Umfang und den Schweregrad Ihrer Leistung in Relation zu einem kleinen Manko setzen oder gehen Sie bei sich selbst von einer »Null-Toleranz-Regel« aus?
- Wie gehen Sie mit den Fehlern anderer um? Ist es Ihnen bei anderen Menschen möglich, eine Leistung auch dann positiv einzuschätzen, wenn sie nicht perfekt war?
- Wie erklären Sie sich Ihre Erfolge beziehungsweise Misserfolge? Sehen Sie sich dafür verantwortlich oder suchen Sie eine Erklärung in äußeren Umständen?
- Wenn Sie mit anderen zusammenarbeiten: Wer ist Ihrer Meinung nach für Erfolg und Misserfolg des Teams verantwortlich?

DIE DRITTE SCHICHT: UNSERE GEFÜHLE

Ein Spiegel besteht nicht nur aus Glas mit einem Hauch von Silber auf einer Seite. Wäre es so, würden wir nicht lange Freude daran haben. Denn das Silber beginnt, sich zu verfärben, je länger es der Luft ausgesetzt ist. Es korrodiert, und der Spiegel bekommt dunkle Flecken. Daher muss das Silber auf der Rückseite durch eine weitere Schicht bedeckt und somit von der Luft abgeschirmt werden. Auch bei unserem inneren Zerrspiegel gibt es Faktoren, die ihn gegen äußere Einflüsse immun machen und die Grundüberzeugungen aufrechterhalten. Ansonsten könnte es nämlich durchaus sein, dass sich unser Selbstbild durch wiederholte Erfolge letztendlich doch zum Positiven verändert und der Impostor-Spiegel korrodiert. Eine solche Stabilisierungsschicht bilden unsere Gefühle. Und die können sehr überzeugend sein.

Gegen unsere eigenen Gefühle zu handeln oder auch nur zu denken, ist unglaublich schwer. Es reicht leider nicht aus zu wissen, dass unsere Gedanken und unsere Wahrnehmung uns täuschen. Denn im Zweifelsfall werden wir immer eher unseren Gefühlen als unserem Verstand glauben. Wenn Sie beispielsweise vor Spinnen Angst haben, können Ihnen noch so viele Zoologen erzählen, dass die in Deutschland lebenden Arten nicht gefährlich und ihre Bisse keinesfalls tödlich sind. Trotzdem werden Sie vermutlich nicht freiwillig eine Spinne berühren. Denn Ihr Körper hat beim Anblick des Tiers bereits mit Angstsymptomen reagiert: Herzrasen, Zittern und Schweißausbrüche sind so aussagekräftig, dass Ihnen sämtliche Experten den Buckel herunterrutschen können. Für diese mag eine Spinne im Wohnzimmer vielleicht nicht gefährlich sein – für Sie und Ihren Seelenfrieden aber schon! Und so tun Sie das nach Ihrem Gefühl einzig Logische: Sie gehen auf Abstand und lassen die achtbeinige Gefahr irgendwie entfernen.

Wie stark die Macht der Gefühle ist, erlebte ich in der Behandlung von Patientinnen mit Magersucht. Die jungen Frauen, mit denen wir zu tun hatten, waren der festen Überzeugung, zu dick zu sein. Und das, obwohl sie ihr Gewicht und ihre Größe genau kannten und überall nachlesen konnten, dass sich ihr Body-Mass-Index stark im Untergewichtsbereich befand. Die messbaren und nahezu unwiderlegbaren Fakten waren nichts wert. Denn sie *fühlten* sich zu dick und glaubten ihrer verzerrten Wahrnehmung und ihren Gefühlen viel mehr als den Tatsachen, die sie schwarz auf weiß vor sich hatten.

Merke: Beim Hochstapler-Phänomen stehen Angst, Scham und Schuldgefühle im Vordergrund.

Oft halten wir unsere Gefühle für einen Beweis, an dem es nichts zu rütteln gibt. *»Ich fühle mich zu dick, also bin ich zu dick.«* – *»Ich fühle mich unfähig, also muss ich es wohl auch sein.«* Diese Argumentation nennen Psychologen eine *emotionale Beweisführung*. Der Annahme liegen dabei nur die eigenen Gefühle zugrunde, ohne dass sie durch objektive Fakten untermauert ist. Und trotzdem hinterfragen wir sie nicht. Denn dass unsere Gefühle uns täuschen können, ist uns erst einmal gar nicht klar.

Und so tappen auch die Impostor-Menschen immer wieder in die Falle der emotionalen Beweisführung. Sie registrieren den erhöhten Puls, die Schweißausbrüche, das Zittern. Sie spüren die Angst, die sich in ihnen immer mehr ausbreitet. Und sie werden von einem starken Schamgefühl überwältigt, wenn sie einmal keine Höchstleistungen erbringen konnten. Stresshormone peitschen durch ihren Körper. Alles in ihnen ist auf Alarm programmiert. Kein Wunder also, dass es in diesem hormonellen und

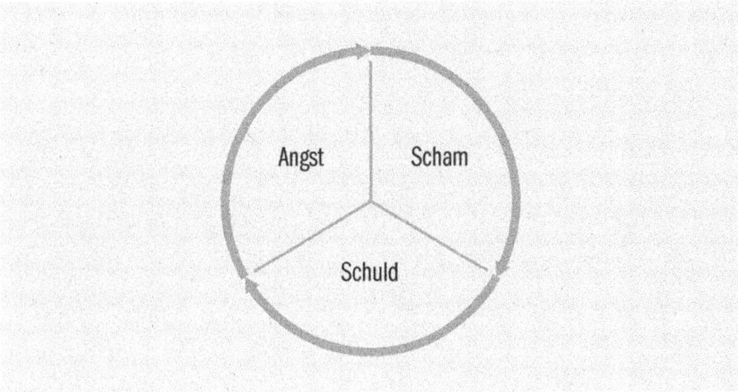

emotionalen Overload nicht ausreicht, sich einfach nur zu sagen: *»Alles ist gut, ich bin kompetenter, als es sich jetzt anfühlt.«* Dieser Satz wirkt in dem Moment nicht glaubwürdig, denn der Körper signalisiert doch gerade etwas ganz anderes.

Selbst wenn die Betroffenen dann ein Kompliment bekommen, überzeugt dies nicht. Da sie sich noch immer unfähig und schlecht fühlen, muss es eine andere Erklärung für das positive Feedback geben. Eine, die nichts mit ihrer Fähigkeit zu tun hat. Sie müssen also tatsächlich sehr gute Hochstapler sein, wenn es ihnen gelingt, Kompetenz so überzeugend vorzuspielen.

Von allen Impostor-Gefühlen ist die Angst das Gefühl, das am stärksten spürbar ist. Wir fürchten uns vor einem Misserfolg und dem, was dann die anderen von uns denken könnten. Aber gleichzeitig fürchten wir uns auch vor einem Erfolg, weil dann andere auch in Zukunft Höchstleistungen und Kompetenz von uns erwarten werden.

Zudem schämen wir uns für unsere eigene Unfähigkeit. Bei jedem Fehler, den wir machen, empfinden wir das heiße Gefühl von Scham. Sie verstärkt die Angst vor einem erneuten Fehler. Scham empfinden wir sogar über unsere eigenen Gedanken. Je mehr das

Bild, das andere von uns haben, von unserem Selbstbild abweicht, desto größer auch das Schamgefühl. Es verhindert, dass wir uns den anderen offenbaren und über unsere Gefühle sprechen.

Dies wiederum führt zu Schuldgefühlen. Schließlich verbergen wir etwas vor den anderen. Wir täuschen sie (zumindest in unserer Wahrnehmung) und fühlen uns deswegen schlecht. Je mehr Lob und Anerkennung wir erhalten, desto schuldiger fühlen wir uns. Schuld- und Schamgefühl beeinflussen sich gegenseitig und verstärken zusätzlich noch die Angst, dass unsere Täuschung irgendwann einmal auffliegen könnte.

Wir haben es also mit einer gefährlichen Mischung aus negativen Gefühlen zu tun, die sich alle wechselseitig verstärken. Da fällt es schwer, ein ganz anderes Selbstbild zu entwickeln und gegen die eigenen Gefühle zu handeln.

Machen Sie den CHECK:

Welche Gefühle beeinflussen Sie?

- Stellen Sie sich vor, wie Sie vor einem Publikum stehen und Ihnen ein grober Schnitzer passiert. Welche Gefühle treten dabei auf? Beschreiben Sie diese. Was genau spüren Sie in Ihrem Körper? Wie wirken sich diese Gefühle auf Sie und Ihre Selbsteinschätzung aus?
- Macht eine Herausforderung Ihnen Angst? Was genau befürchten Sie dabei?
- Denken Sie an Ereignisse zurück, in denen Sie genau wussten, was Sie zu tun hatten, und dies dennoch nicht zustande gebracht haben. Welche Gefühle waren dabei im Spiel?
- Rufen Sie sich eine Situation in Erinnerung, in der Sie einen Fehler gemacht haben. Wie haben Sie sich dabei gefühlt?
- In welchen Situationen leiden Sie am stärksten unter Angst, Scham oder Schuldgefühlen? Empfinden Sie selbst diese Gefühle als berechtigt?

DIE VIERTE SCHICHT: UNSER VERHALTEN

Es gibt noch eine weitere Stabilisierungsschicht, die unseren Impostor-Zerrspiegel gegenüber äußeren Einflüssen schützt: das eigene Verhalten. Unsere Gedanken und unser Handeln werden in der Regel durch Gefühle beeinflusst. Je nachdem, ob wir Freude, Angst oder Wut empfinden, werden wir ganz unterschiedlich mit einer Situation umgehen. Dadurch sammeln wir verschiedene Erfahrungen, die dann wiederum unsere Sichtweise bestärken.

Beim Impostor-Phänomen steht, wie Sie ja mittlerweile schon wissen, die Angst vor einer Blamage im Vordergrund. Bei jeder Herausforderung sind wir davon überzeugt, dass wir diese nicht bewältigen können und Fehler machen werden. Wir empfinden diese Herausforderung also als Bedrohung. Der Körper signalisiert: Gefahr!

Wenn wir uns in einer bedrohlichen Situation befinden, haben wir verschiedene Möglichkeiten, uns zu retten: Wir können flüchten oder wir können kämpfen. Wenn weder eine Flucht noch ein Kampf möglich ist, dann beginnen wir zu erstarren wie das sprichwörtliche Kaninchen vor der Schlange. In der Tierwelt können wir diese drei Verhaltensmuster ebenfalls beobachten. Sie sind seit Urzeiten fest in uns einprogrammiert und werden dann aktiviert, wenn Gefahr droht.

Merke: Sehen wir uns von einer Situation bedroht, können wir entweder kämpfen, flüchten oder erstarren. Diese drei Verhaltensweisen finden sich auch beim Impostor-Phänomen.

Natürlich wird uns nach einer misslungenen Präsentation keiner auffressen. Selbst wenn wir uns bis auf die Knochen blamieren, ist unser Leben nicht bedroht. Vom Verstand her ist uns das vollkommen klar. Und doch können die Gefühle von Angst und Scham bei Menschen mit Hochstapler-Symptomen so intensiv sein, dass sie glauben, sie würden daran sterben. Das Gehirn malt Katastrophenszenarien, was in der Präsentation alles geschehen und auf welche Weise der Hochstapler in ihnen entlarvt werden könnte.

Steht ihnen demnächst eine unangenehme Situation bevor, beispielsweise ein Vortrag oder eine Prüfung, so ist ihr erster Impuls, diese zu vermeiden. Sie würden sich am liebsten krankschreiben lassen oder spielen mit dem Gedanken, einfach zu kündigen. Für die meisten Betroffenen kommt eine solche Flucht jedoch nicht in Frage. Schließlich wäre langfristig nichts gewonnen, sie wollen ihren Chef, ihre Familie oder die Kollegen nicht enttäuschen, und ein solches Vermeidungsmanöver wäre ja fast so etwas wie ein Eingeständnis ihrer Unzulänglichkeit. Auch wenn der Fluchtimpuls sehr stark ist – manchmal sogar so stark, dass sie tatsächlich krank werden –, geben sie ihm also in der Regel nicht nach. Was noch bleibt, ist Kampf oder Erstarren.

ZU VIEL DES GUTEN

Eine der klassischen Strategien von Impostor-Betroffenen ist es, durch übermäßigen Einsatz die gefühlte Unzulänglichkeit zu kompensieren. Sie rüsten sich sozusagen zum Kampf. Zu diesen sogenannten Over-Doern gehört auch Marla. Sie arbeitet oft bis spät in die Nacht, um die bestmögliche Performance zu bieten und Fehler zu vermeiden. Over-Doer investieren sehr viel Zeit, um gute Leistungen zu erbringen. Sie versuchen, sich möglichst viel Wissen anzueignen, feilen an Formulierungen, beschäftigen sich gedanklich mit allen Eventualitäten, die auftreten könnten, und ersinnen Strategien, wie sie dann damit umgehen sollen. Dadurch versuchen sie, ein Gefühl von Sicherheit und Kontrolle aufzubauen. Dieser Plan geht jedoch leider nach hinten los. Zum einen überfordern sich die Over-Doer und verbringen viel zu viel Zeit mit einer ausufernden Vorbereitung – Zeit, die sie zum Entspannen und zur Regeneration viel dringender bräuchten. Zum anderen bringt diese Strategie nicht die erwünschte Sicherheit, sondern verstärkt die Unsicherheit sogar noch. Denn Over-Doer gelangen nie ans Ziel. Je mehr Wissen sie sich aneignen, desto mehr Wissenslücken werden sie entdecken, da jede Antwort zu weiteren offenen Fragen führt. Menschen, die Angst haben, bei einer Unwissenheit ertappt zu werden, stoßen also auf immer mehr Gebiete, die ihnen unbekannt sind. Zwar haben diese Themen nur noch ganz am Rand mit ihrem Kernthema zu tun, jedoch können Hochstapler-Menschen dies nicht mehr erkennen. Sie sehen nur, wie wenig sie doch wissen, und die Angst, sich durch Nichtwissen zu blamieren, steigt mit zunehmender Vorbereitung.

Noch einen weiteren Nachteil hat diese Strategie: Wurde die Situation erfolgreich gemeistert, nimmt nicht etwa das Selbstvertrauen zu, sondern vielmehr die Angst vor der nächsten Herausforderung. Denn die Betroffenen sind nun überzeugt, dass sie nur erfolgreich waren, weil sie sich so umfassend vorbereitet haben. Für die nächste Aufgabe werden sie also mindestens genauso viel Zeit investieren. Auf diese Weise werden sie nie die Erfahrung machen, dass sie auch ohne die intensive Vorbereitungszeit ausreichend gut gewesen wären. Ein Burnout ist dabei fast schon vorprogrammiert. Zudem verstärkt sich das Gefühl, ein Hochstapler zu sein, denn schließlich haben sie doch geschummelt. Sie haben sich intensiver vorbereitet als alle andern und das aus Scham verheimlicht. Dadurch fühlen sie sich noch mehr wie Betrüger.

Vorsicht, Zerrspiegel:
Sich gut vorzubereiten heißt nicht, dass Sie sich monatelang den Kopf zerbrechen und jede freie Minute mit einem bestimmten Thema verbringen müssen. Sie können auch zu viel des Guten tun und sich damit noch mehr verunsichern. Führen Sie Ihren Erfolg nicht allein auf eine intensive Vorbereitung zurück. Er beruht auch auf Ihren Fähigkeiten und nicht nur auf Ihrem Fleiß.

IN SCHOCKSTARRE

Die Under-Doer sind nicht nur dem Namen nach das genaue Gegenteil der Over-Doer. Sie fühlen sich gar nicht in der Lage zu kämpfen oder zu fliehen. So beginnen sie zu erstarren und machen erst einmal gar nichts.

Oliver ist ein Under-Doer. Beim Gedanken an die nächste Versammlung, die er leiten soll, ist er innerlich wie gelähmt. Jeder Versuch, sich vorzubereiten, führt zu einer Blockade. Je mehr die Zeit verstreicht, desto unruhiger und schlafloser wird er, kann aber keine richtige Strategie im Umgang mit seinen Gefühlen finden.

Under-Doer neigen dazu, unangenehme Dinge aufzuschieben. Der Gedanke an die sich nahende Herausforderung ist so beängstigend, dass die Betroffenen wie paralysiert sind und sich nur unzureichend oder erst in letzter Minute vorbereiten. Doch welche Konsequenzen hat nun dieses Verhalten? Ist es besser, als sich übermotiviert in die Vorbereitung zu stürzen? Leider nein. Denn der Under-Doer befindet sich dabei in einem ständigen inneren Kampf. Er versucht, sich aus den lähmenden Ängsten zu befreien, die ihn zunehmend umschlingen, und kann kaum an etwas anderes denken als an die immer näher rückende Bedrohung. Hat er die Situation dann erfolgreich gemeistert, so fühlt sich der vermeintliche Hochstapler nicht etwa erleichtert, sondern beschämt.

Statt zu denken: »*Siehst du, es ging auch ohne besonderen Aufwand*«, wird er nur seine Defizite sehen und sich ärgern, dass er nicht in der Lage war, sich intensiver vorzubereiten. Dann hätte er ein noch besseres Ergebnis erzielt. Umso mehr wird er sich als Hochstapler fühlen. Dafür, dass er sich in Schockstarre befand, hat er nun wirklich keine Anerkennung verdient. Wenn die anderen wüssten, wie er sich im Vorfeld verrückt gemacht hat, würden sie eher lachen als ihn bewundern. Und so fühlt sich der Under-Doer trotz seines Erfolgs einfach nur schlecht.

Merke: Die Überzeugung, eine Situation nicht meistern zu können, führt zu typischem Verhalten: Überkompensation oder Erstarren. Beide Verhaltensweisen verstärken wiederum das Gefühl, in Wirklichkeit ein Hochstapler zu sein.

Bei der mangelnden Vorbereitung kann es natürlich auch einmal vorkommen, dass die Präsentation, die Prüfung oder die Auftragsarbeit tatsächlich nicht gut genug war. Diese Erfahrung wird sich einbrennen und verstärkt ebenfalls die Überzeugung, unfähig und hier fehl am Platz zu sein.

Sie sehen: Egal, welche Strategie ein Hochstapler-Mensch wählt, ob Krankmeldung (Flucht), übermäßige Vorbereitung (Kampf) oder gar nichts zu tun (Erstarren), die Hochstapler-Gedanken werden sich immer verstärken. Es ist ein Spiel, das er nicht gewinnen kann, egal, was er anstellt.

ACH, DAS WAR DOCH NICHT DER REDE WERT

Es gibt noch ein weiteres klassisches Impostor-Verhalten: eine Anerkennung herunterzuspielen. Wir erklären dem anderen, dass das, was wir gemacht haben, in Wirklichkeit doch gar nicht so schwierig war. Sicher hätte er eine ähnlich gute Leistung erzielt. So erlebte ich ganz häufig bei meiner Arbeit Patienten, denen es fast schon peinlich war, wenn sie positive Aufmerksamkeit bekamen. Selbst die meisten Kollegen wiegelten oft ab, wenn ich ihnen ein Kompliment machte. So als ob es unstatthaft oder gar ein Vergehen wäre, ein Lob anzunehmen. Dieser Vergleich ist gar nicht mal so abwegig. Denn wir haben verinnerlicht, dass es unrecht ist, sich mit fremden Federn zu schmücken. Und da wir selbst so eine schlechte Meinung von uns haben, kommen wir gar nicht auf den Gedanken, dass wir das Lob verdient haben könnten. Es fühlt sich vielmehr so an, als hätten wir uns das Kompliment erschlichen und als stünde es uns nicht zu. Also weisen wir es schon fast reflexartig von uns. Indem wir das Kompliment aber zurückweisen, schmälern wir unsere eigene Leistung. Nicht nur vor dem anderen, sondern vor allem auch vor uns selbst. Wir machen damit die positive Rückmeldung sofort unschädlich, sodass sie unseren inneren Zerrspiegel gar nicht erschüttern kann.

Vorsicht, Zerrspiegel:

Wenn jemand Ihnen Anerkennung zollt, so dürfen Sie diese auch annehmen. Sie sind kein Betrüger, auch wenn Sie sich gerade so gar nicht erfolgreich fühlen.

Machen Sie den CHECK:

Wie verhalten Sie sich angesichts einer bevorstehenden Aufgabe?

- Wie sah bisher Ihre Vorbereitung aus? Überlegen Sie sich rückblickend, ob Ihre Ängste durch die Art der Vorbereitung kleiner oder größer wurden.
- In welchen Bereichen neigen Sie dazu, wie das Kaninchen vor der Schlange zu erstarren? Welche Ängste blockieren Sie dabei?
- Wie gehen Sie mit Komplimenten um? Können Sie diese dankend annehmen oder signalisieren Sie durch Worte oder Taten, dass Sie die positive Einschätzung gerade so gar nicht teilen können?

Sie haben nun viel über das Zusammenwirken von Wahrnehmen, Denken, Fühlen und Handeln erfahren. Nehmen Sie sich nun am Ende des Kapitels etwas Zeit, um sich mit den einzelnen Faktoren noch einmal auseinanderzusetzen. Prüfen Sie dabei, in welchem Ausmaß Sie wie ein klassischer Impostor reagieren und welche Zerrspiegelschicht bei Ihnen ganz besonders stark ausgeprägt ist.

SELBSTREFLEXION:

Denke, fühle und handle ich wirklich wie ein Hochstapler?

Gehen Sie die Antworten, die Sie in den jeweiligen Checks gegeben haben, noch einmal genau durch. Sie sind wichtige Schlüssel für folgende übergeordnete Fragen:

- In welcher Ebene zeigt sich das Hochstapler-Phänomen bei mir am meisten?
- Worauf fokussiert sich meine Wahrnehmung?
- Welche Denkfehler konnte ich bei mir entdecken?
- Wie sehr beeinflussen Schuld, Scham und Angst mein Denken und Handeln?
- Was ist mein klassisches Impostor-Verhalten?

KAPITEL 3

WIE ENTSTEHT DAS HOCHSTAPLER-PHÄNOMEN?

»Oliver?! Nun komm doch endlich! Das Essen wird kalt.« Seufzend legt Oliver sein Buch zur Seite. Gerade jetzt, wo er doch an einem sehr wichtigen Punkt angelangt ist und so gern weiterlesen würde. Mit einem Blick auf die Uhr stellt er überrascht fest, dass die letzten zwei Stunden wie im Flug vergangen sind. Nie hätte er gedacht, dass ein Buch über das Hochstapler-Phänomen so fesselnd sein kann. »Sag mal, wusstest du, dass die Ursachen für das Impostor-Phänomen oft in der Kindheit liegen?«, beginnt er zu sprechen, während er sich gleichzeitig Fleisch und Kartoffeln auf den Teller häuft. »Ich meine, klar, irgendwo müssen diese Selbstzweifel ja herkommen. Aber ich habe bisher immer gedacht, dass das ein Teil meiner Persönlichkeit und somit angeboren ist. In meinem Buch steht aber, dass auch bestimmte Ereignisse in der Kindheit dazu beitragen.« – »In deinem Fall wundert mich das gar nicht.« Petra legt ihr Besteck beiseite und faltet die Hände. Ihr forschender Blick mustert ihn eindringlich. »Nach dem, was du mir von der Scheidung deiner Eltern erzählt hast, schleppst du schon sehr lange ein ziemliches Päckchen mit dir herum. Ich denke, dass es Zeit ist, das einmal aufzuarbeiten.« – »Du meinst …?« Oliver beendet seinen Satz nicht. – »Mach eine Therapie. Ich bin mir sicher, sie kann dir helfen, Dinge geradezurücken und neue Sichtweisen zu erhalten. Mach es für dich. Um endlich mit den alten Sachen abzuschließen. Und auch, um mit diesen Selbstzweifeln besser umgehen zu können, von denen du mir erzählt hast.«

Eine ganze Weile essen beide schweigend, jeder in seine Gedanken versunken. Bilder aus seiner Kindheit ziehen durch Olivers

Kopf. Vielleicht ist es ja wirklich sinnvoll, sich endlich mal der Vergangenheit zu stellen. Und vielleicht schafft er es dann, sich aus seinen Versagensängsten zu befreien. Er könnte es ja zumindest einmal versuchen. Morgen wird er versuchen herauszufinden, welche Therapeuten es in seiner Umgebung gibt und ob die was taugen.

Vielleicht haben Sie sich genau wie Oliver auch schon gefragt, wie das Impostor-Phänomen bei Ihnen überhaupt entstanden ist. Wie sind Sie in den Besitz dieses Zerrspiegels gekommen, der Ihnen immer nur Ihre Fehler und Schwächen zeigt, aber nie Ihre Erfolge? Haben Sie die Welt schon immer durch einen Zerrspiegel wahrgenommen? Oder ist da in der Kindheit etwas ganz gewaltig schiefgelaufen?

Diese und ähnliche Fragen tauchen häufig auf, wenn wir uns mit dem Hochstapler-Phänomen befassen. Und das völlig zu Recht, denn wenn wir unsere Gedanken und Gefühle wirklich verstehen wollen, müssen wir wissen, wo sie herkommen. Sie sind ja nicht einfach so vom Himmel gefallen. So wie wir wachsen, unsere Identität entwickeln und durch verschiedene Erfahrungen zu dem Menschen werden, der wir sind, so entwickeln sich auch unsere Hochstapler-Überzeugungen durch das, was wir erlebt und, vor allem, wie wir es erlebt haben. Unsere Interpretationen spielen also eine wichtige Rolle. Und die wiederum hängen ganz stark von unserer Persönlichkeit ab.

GIBT ES SO ETWAS WIE EINE SPEZIELLE HOCHSTAPLER-PERSÖNLICHKEIT?

Als Pauline Clance zusammen mit ihrer Kollegin Suzanne Imes das Impostor-Phänomen erforschte, stellten sich die beiden Frauen ebenfalls die Frage nach den Ursprüngen dieser Wahrnehmungsverzerrung. Sie versuchten zu ergründen, ob eine bestimmte Persönlichkeit dafür ausschlaggebend sei, und gelangten dabei zu folgendem Ergebnis: Es gibt keinen »typischen Hochstapler«, aber es finden sich bei den Betroffenen immer wieder bestimmte Persönlichkeitszüge, die es ihnen leichter machen, dem inneren Zerrspiegel Glauben zu schenken. Vor allem introvertierte, perfektionistisch veranlagte, unsichere Personen mit einem geringen Selbstwert sind anfällig für Impostor-Gedanken. Lassen Sie uns die einzelnen Zutaten zum Hochstapler-Persönlichkeits-Cocktail einmal näher beleuchten.

INTROVERSION

Manche Menschen blühen auf, wenn sie sich in Gesellschaft befinden. Sie halten sich gern unter anderen auf und ziehen viel Energie daraus. Sie sind die Seele einer Gruppe. Ganz mühelos plaudern sie über verschiedene Themen und sind oft Meister im Small Talk. Diese Menschen nennen wir extravertiert.

Ganz anders dagegen die Introvertierten. Sie brauchen immer wieder Zeit, die sie mit sich allein verbringen, um aufzutanken. In Gesellschaft fühlen sie sich oft unwohl, ausgelaugt oder vielmehr von den verschiedenen Menschen um sie herum ausgesaugt. Oberflächliche Gespräche fallen ihnen schwer, am liebsten hängen sie ihren eigenen Gedanken nach und machen die Dinge mit sich selbst aus.

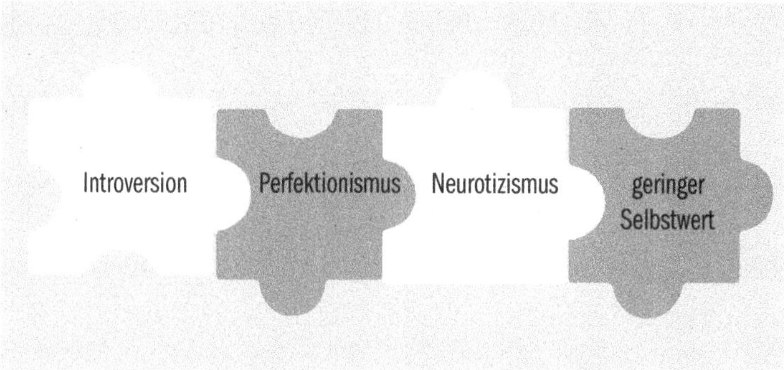

Wer, denken Sie, ist eher anfällig für Selbstzweifel und für die Einflüsterungen eines inneren Zerrspiegels? – Es sind die Introvertierten. Denn sie teilen sich weniger mit, vertrauen sich ihren Mitmenschen ungern an und sprechen kaum über ihre Gedankenwelt. Dadurch nehmen sie sich die Chance, eine andere Sichtweise kennenzulernen und zu überprüfen, inwieweit Selbst- und Fremdwahrnehmung übereinstimmen. Wie in meinem Märchen gehen sie ganz selbstverständlich davon aus, dass ihr innerer Zerrspiegel das richtige Bild zeigt.

Merke: Introvertierten fehlt oft das Feedback von außen und somit die Möglichkeit, fehlerhafte Grundannahmen zu korrigieren.

Wenn bereits die Grundlagen nicht stimmen – in diesem Fall das Selbstbild –, kommt man unweigerlich zu falschen Schlüssen. Es ist ein bisschen so, als würden Sie davon ausgehen, dass 1+1 die Zahl 3 ergibt. Alle Berechnungen, die Sie nun anstellen, sind zwar in sich stimmig und logisch nachzuvollziehen, aber sie sind falsch. Doch solange Ihnen keiner sagt, dass Sie bereits bei den Basics einen Fehler gemacht haben, werden Sie diese Grundannahmen nicht hinterfragen und sich nur wundern, warum Ihre Ergebnisse immer von denen der anderen abweichen.

Machen Sie den CHECK:
Sind Sie eher introvertiert oder extravertiert?

- Raubt Ihnen Gesellschaft eher Energie oder blühen Sie erst unter Menschen so richtig auf?
- Kommen Sie allein gut zurecht oder werden Sie auf sich gestellt schnell unruhig?
- Machen Sie Geschehnisse lieber mit sich aus oder fragen Sie häufig andere um Rat?
- Weiß jemand, wie es tief in Ihnen aussieht? Wem könnten Sie sich anvertrauen, um einmal eine andere Sichtweise auf Ihre Lage zu erlangen?

PERFEKTIONISMUS

Ein weiteres Persönlichkeitsmerkmal, das es uns leicht macht, uns völlig unzureichend zu fühlen, ist der Perfektionismus. Viele Menschen sind gewissenhaft. Sie wollen ein bestmögliches Ergebnis erbringen und haben Freude daran, ihr Werk zu optimieren, bis jedes Detail stimmig ist. Doch bei manchen geht dieser Drang zur Optimierung so weit, dass grundsätzlich kein Fehler passieren darf. Menschen, die zu Perfektionismus neigen, werden immer Dinge sehen, die sie noch verbessern können. Ihnen geht es weniger um die Freude, etwas so gut wie möglich erledigt zu haben. Vielmehr quält sie die Angst, bei einem Fehler erwischt zu werden und so ihren eigenen, zu hoch gesteckten Ansprüchen nicht zu genügen.

Wie Sie bereits im ersten Kapitel erfahren haben, gehen manche Menschen davon aus, dass sie nur dann kompetent sind, wenn sie fehlerlos arbeiten, beziehungsweise dass jeder kleinste Lapsus ein Beweis für ihre Inkompetenz ist. Sie sind regelrecht darauf trainiert, Fehler bei sich zu suchen – mit dem Ergebnis, dass sie immer wieder fündig werden und auch minimale Schwächen überbewerten. Aber was passiert, wenn sie überall Verbesserungspotenzial bei sich sehen? Sie werden das Gefühl bekommen, dass sie und ihr Leben nur noch aus Defiziten bestehen. Die Grundüberzeugung, ein Hochstapler zu sein, wird damit verstärkt. Da sie aber auf keinen Fall als Betrüger entlarvt werden wollen, versuchen sie noch krampfhafter, Fehler zu vermeiden.

Merke: Gewissenhaftigkeit ist ein positiver Charakterzug. Perfektionismus dagegen ist der überzogene Anspruch, Fehler vollständig zu vermeiden. Diese Erwartung kann in der Regel nicht erfüllt werden und verstärkt somit das Gefühl von Unzulänglichkeit.

Vor diesem Hintergrund ist es logisch, dass perfektionistisch veranlagte Menschen sich unzureichend fühlen *müssen*, denn den höchsten Grad an Perfektion werden sie niemals erreichen. Es geht immer noch ein bisschen besser. Und solange es noch besser geht, ist – zumindest in ihren Augen – gut nicht gut genug. Einen weiteren Nachteil hat der Hang zum Perfektionismus: In dem Bestreben, eine perfekte Arbeit abzugeben, verschwenden die Betroffenen viel zu viel Zeit mit unwesentlichen Details. Dadurch brauchen sie viel länger als andere und stellen Arbeiten oft erst auf den letzten Drücker oder manchmal sogar gar nicht fertig. Was dann wiederum die Überzeugung der eigenen Unzulänglichkeit verstärkt.

Machen Sie den CHECK:
Sind Sie perfektionistisch veranlagt?

- Wie lange feilen Sie an einer Formulierung?
- Sind Sie häufig unzufrieden mit Ihrer Arbeit und denken, dass Sie das doch besser machen müssten?
- Waren Sie in der Schule mit einem »Sehr gut« zufrieden oder haben Sie damit gehadert, dass Sie nicht die volle Punktzahl erreicht haben?
- Wie sehr ärgert Sie ein Fehler, den Sie machen, oder eine Wissenslücke, die Sie haben?

NEUROTIZISMUS

Manche Menschen lassen sich durch nichts aus der Ruhe bringen. Selbst Jobunsicherheit, Krankheit oder zwischenmenschliche Enttäuschungen stecken sie weg und schauen optimistisch in die Zukunft. Diese Glücklichen nennen wir selbstsicher-stabil. Anders dagegen die Neurotiker. Sie sind in ihrer Grundhaltung ängstlich und neigen dazu, sich schnell Sorgen zu machen. Erlebnisse verarbeiten sie eher negativ, beziehen alle möglichen Geschehnisse auf sich und sehen überall Gefahren. In der Regel bewegen wir uns zwischen diesen beiden Extremen, doch je mehr Sie zu neurotischem Verhalten tendieren, desto anfälliger werden Sie für die Einflüsterungen Ihres inneren Zerrspiegels. Denn wenn sie mit einer ängstlichen Grundhaltung durch die Welt gehen, werden sie sich nicht zutrauen, schwierige oder gefährliche Situationen zu meistern. Im Hinblick auf mögliche Katastrophen fühlen sie sich hilflos und klein. Sie neigen dazu, sich selbst die Schuld für bestimmte Ereignisse zu geben und ihre Fehler zu hoch zu bewerten. Dadurch steigt natürlich das Gefühl, unzureichend und inkompetent zu sein.

Zudem reagieren neurotische Menschen oft emotionaler als

selbstsichere Menschen. Sie erleben vor allem negative Gefühle wie Angst, Trauer oder Ärger intensiver und können mit Stress nicht gut umgehen. Kein Wunder also, dass sie, wenn Leistung gefordert ist, unter hohem Druck stehen und ausgeprägte Versagensängste haben, die dann wiederum das Impostor-Phänomen verstärken.

Machen Sie den CHECK:
Wie belastbar sind Sie?

- Sehen Sie eher mit Zuversicht oder mit ängstlicher Erwartung in die Zukunft?
- Fühlen Sie sich häufig nervlich belastet? Können auch Kleinigkeiten Sie aus der Fassung bringen?
- Beziehen Sie Ereignisse direkt auf sich?
- Wie gehen Sie mit Stress um?

GERINGER SELBSTWERT

Sie ahnen es vermutlich schon: Je weniger wertvoll wir uns fühlen, desto wahrscheinlicher werden wir auf unseren inneren Zerrspiegel hereinfallen. Wenn wir uns nichts zutrauen, Fehler sofort bei uns suchen und uns nur über Leistung definieren, so setzen wir uns allzu sehr unter Druck und haben Angst zu versagen.

Merke: Ein geringer Selbstwert ist eine der Grundvoraussetzungen für das Hochstapler-Phänomen. Indem wir unsere Leistungen nicht wertschätzen und zu hohe Anforderungen an uns stellen, verstärken wir die eigene Überzeugung, nicht gut genug zu sein.

Menschen mit einem geringen Selbstwertgefühl haben Schwierigkeiten, die Bedürfnisse anderer abzuweisen oder eine Aufgabe zu delegieren. Sie gehen davon aus, dass sie keine Schwäche zeigen dürfen, weil sie sonst nicht mehr liebenswert sind oder nicht mehr respektiert werden. Zudem versuchen sie, sich an die Bedürfnisse anderer anzupassen. Dadurch überfordern sie sich ständig und machen Fehler. Die Fehler wiederum bestätigen ihren Verdacht, nicht gut genug zu sein. Je geringer der Selbstwert, desto wichtiger wird die Meinung der anderen. Versagensängste und Schamgefühl bezüglich der eigenen Unvollkommenheit nehmen dadurch zu. Mit einem schlechten Selbstwert fällt es zudem schwer, Komplimente anzunehmen oder auf sich selbst stolz zu sein. Die Betroffenen haben das Gefühl, Anerkennung nicht verdient zu haben, und wiegeln sofort ab, wenn sie gelobt werden.

Dagegen interessiert es Menschen mit einem gesunden Selbstwert wenig, was andere über sie denken könnten. Ihnen reicht es völlig aus, mit sich selbst zufrieden zu sein und für sich gut zu sorgen.

Machen Sie den CHECK:
Wie steht es um Ihren Selbstwert?

- Können Sie stolz auf sich sein und das auch äußern?
- Wenn Sie sich selbst beschreiben müssen, fallen Ihnen eher Stärken oder eher Schwächen ein?
- Wie geht es Ihnen, wenn Sie gelobt werden? Können Sie das Lob annehmen und sich darüber freuen oder fühlen Sie sich damit eher unbehaglich?
- Was macht Sie Ihrer Meinung nach zu einem liebenswerten Menschen?

Sie haben nun also erfahren, welche Charakterzüge beim Impostor-Phänomen häufig vorkommen. Doch dies allein reicht nicht aus, um das Ausmaß des Phänomens zu erklären. Es gibt viele Menschen, die beispielsweise introvertiert sind, ohne dass sie gleich schon zum Hochstapler-Denken neigen. Unsere Persönlichkeitsmerkmale machen aus uns nicht automatisch einen Impostor. Es sind vielmehr die Erlebnisse, die uns als Kind geprägt und in eine bestimmte Rolle gedrängt haben.

WIE WIRD MAN ZUM HOCHSTAPLER?

Ein Zerrspiegel ist eigentlich ein ganz normaler Spiegel, zumindest ist er ganz genau so aufgebaut. Aber er ist nicht gerade, sondern gekrümmt. Durch diese Wölbung werden die Bilder dann zu groß, zu klein oder anderweitig verzerrt wiedergegeben. Genauso ist es mit unserem inneren Zerrspiegel. Auch dieser wurde verbogen und zwar von uns selbst. Denn wir mussten uns verbiegen, um in eine bestimmte Rolle hineinzupassen.

Ein Kind weiß noch nicht, wie die Welt funktioniert und was es tun muss, um ein gutes Leben zu führen. Es muss sich seine Identität und seinen Wert erst erschließen und orientiert sich dabei in der Regel am Vorbild der Eltern und weiterer wichtiger Bezugspersonen. Doch das kann auch schiefgehen. Das Kind missversteht vielleicht manche Aussagen, misst ihnen eine zu große Bedeutung bei oder zieht aus bestimmten Erlebnissen falsche Schlüsse. Möglicherweise machen die Eltern aus ihren hohen Erwartungen auch keinen Hehl. All das führt dazu, dass das Kind versucht, eine Rolle auszufüllen, die für seinen Entwicklungsstand und seine Fähigkeiten zu groß ist. Mit jedem gescheiterten Versuch wächst die Überzeugung, nicht gut genug zu sein.

Die Lebensgeschichten, die mit dem Impostor-Phänomen verknüpft sind, haben viele Gesichter. Aber sie führen fast immer zu einer Situation, in der sich das Kind überfordert und mit seiner Rolle unwohl gefühlt hat. Am Beispiel von Oliver und Marla zeige ich Ihnen, wie unterschiedlich die Erfahrungen dabei sein können und dass es nicht eine einzige »Impostor-Laufbahn« gibt.

OLIVERS GESCHICHTE: »ICH WOLLTE STARK SEIN FÜR MEINE MUTTER«

Oliver war vier Jahre alt, als sein Vater die Familie verließ. »*Ich kann mich kaum daran erinnern*«, erzählt der heute 36-Jährige. »*Ich war ja noch so klein, aber ich sehe noch deutlich vor mir, wie meine Mutter auf dem Bett lag und so hemmungslos weinte, dass sie kaum Luft bekam. Immer wenn ich dieses Bild vor Augen habe, spüre ich wieder diese Mischung aus Hilflosigkeit und Panik. Ich hatte damals so schreckliche Angst, dass meine Mutter auch einfach weg sein könnte. Dass sie vor lauter Kummer sterben könnte.*« Von nun an versuchte der Junge, seine Mutter nicht mehr mit den eigenen Problemen zu belasten, sondern für sie da zu sein. Er war schon immer ein stilles und ernstes Kind gewesen. Nun zog er sich noch mehr in sich zurück und verbrachte viel Zeit zu Hause. Alles, was er tat, sollte seine Mutter zum Lächeln bringen: »*Wenn meine Mama stolz auf mich war, ging es mir gut. Dann wusste ich, dass ich alles richtig gemacht hatte. Sie glücklich zu machen wurde mein Lebensinhalt. Doch gleichzeitig hatte ich immer Sorge, dass ich sie einmal enttäuschen könnte. Dieses Bild meiner verzweifelten Mutter, die nur noch im Bett liegt, hat sich sehr tief in mir eingegraben. Die Angst, sie zu verlieren, war ständig im Hinterkopf.*«

Oliver wurde immer mehr zum Vertrauten seiner Mutter. Bis zu seinem 16. Lebensjahr schlief er sogar neben ihr im Ehebett.

»Ich habe überhaupt nicht registriert, dass das absolut ungewöhnlich ist, mit der Mutter im selben Bett zu schlafen. Gerade kurz nach der Trennung wollten wir beide nicht allein sein, haben uns gebraucht. Und irgendwie blieb das dann einfach so und war normal. Erst als ich meine Sexualität entdeckte und mich auch für Mädchen zu interessieren begann, fühlte ich mich immer unwohler damit.« Dass er bereits als Kind versucht hatte, der Mutter den Ehemann zu ersetzen, ist ihm erst jetzt so richtig klar geworden. *»Ich habe nun eine Therapie begonnen. Mein Therapeut sprach kürzlich davon, dass meine Mutter mich als Partnerersatz missbraucht hätte. Doch das sehe ich nicht so. Sie hat mich nicht* miss*braucht, sondern* ge*braucht. Wer sonst außer mir war denn da? Sie hatte ja keinen!«*

Die Beschützerrolle für seine Mutter hatte zu einer Rollenumkehr geführt. Nicht er vertraute seine kindlichen Nöte der Mutter an, sondern sprach mit ihr über deren Sorgen: über finanzielle Probleme, berufliche Schwierigkeiten, Konflikte mit Kollegen. Bei all dem versuchte Oliver, ein guter Berater zu sein. *»Klar war ich völlig überfordert. Jedes Kind in meiner Situation wäre das gewesen. Aber damals war mir das nicht klar. Ich dachte, dass es an mir liegt, wenn es meiner Mutter nicht gut geht. Ich hatte ständig Angst, dass meine Mutter einmal merkt, dass ich gar nicht der ›Tolli-Olli‹ bin, wie sie mich immer gerne nannte, sondern in Wirklichkeit ein sehr dummes Kind. Ich dachte jahrelang, dass sie eigentlich einen Sohn verdient hätte, der ihr eine wirkliche Hilfe ist.«*

Selbst heute noch, als erwachsener Mann, fällt Oliver oft in alte Muster zurück. Immer, wenn er einen Fehler macht oder seinen eigenen Erwartungen nicht genügt, reagiert er wie der kleine Junge von damals: mit der Angst, dass er seine Mutter – und mittlerweile auch seine Frau und seinen Chef – enttäuschen könnte. Auch wenn er sich über die Ursache im Klaren ist, so ist es, als würde er in diesem kurzen Moment zurück in die Vergangenheit teleportiert und wäre wieder der vierjährige Junge, der so verzweifelt versucht, seine Mutter am Leben zu halten, und der fühlt, dass er dieser Aufgabe nicht gewachsen ist.

EINE ROLLE, DIE ZU GROSS IST

Olivers Geschichte ist traurig, aber gar nicht so selten. Viel zu oft übernehmen kleine Kinder die Verantwortung für den Vater oder die Mutter. Auslöser gibt es viele. Es kann – wie in Olivers Fall – sein, dass es zu einer Trennung kam und der zurückgelassene Elternteil erst einmal mit seinem eigenen Schmerz zurechtkommen musste. Oder ein Elternteil wird krank. Manchmal sind beide Erwachsene auch einfach überfordert und mit sich selbst beschäftigt. Für das Kind ist das oft eine Bedrohung. Es hat Angst, einen oder gar beide Elternteile zu verlieren, und fühlt sich verantwortlich für das Wohlergehen der Mutter oder des Vaters. Dabei überschätzt es vollkommen seine Möglichkeiten. Immer wenn es dem zu schützenden Elternteil nicht gut geht, geht das Kind davon aus, dass es daran schuld ist und versagt hat.

Merke: Wenn ein Kind sich für das Wohlergehen von Mutter oder Vater verantwortlich fühlt, kommt es gewöhnlich zu einer Überforderung. Dies ist vor allem dann der Fall, wenn der entsprechende Elternteil selbst Probleme hat und gerade nicht gut auf die Bedürfnisse des Kindes eingehen kann.

Um die Mutter nicht noch zusätzlich zu belasten, hat Oliver seine kindlichen Sorgen mit sich selbst ausgemacht und sich ihr gegenüber als aufmerksamer Zuhörer gezeigt. Dies hatte zur Folge, dass die Mutter ihn als viel reifer und erwachsener wahrnahm, als er de facto war, und entsprechend so behandelte. Sie besprach mit ihm Themen, die das Kind überforderten. Ohne es sich erklären zu können, spürte der Junge die Diskrepanz zwischen dem, wie er von der Mutter wahrgenommen wurde, und wie er sich selbst fühlte. Das verstärkte nur sein Gefühl, dass er der Mutter etwas vorspielte, ja ein Lügner und ein schlechter Sohn sei.

Wenn Kinder versuchen, eine erwachsenere und reifere Rolle einzunehmen, um den Eltern zu gefallen, so führt das oft dazu, dass sie falsch eingeschätzt werden und man ihnen Dinge zutraut, die sie überfordern. In Wirklichkeit aber sind sie noch zu jung, um die Erwartungen, die man an sie stellt, gut erfüllen zu können. Die Schuld am Scheitern geben sie sich selbst. Sie sehen nicht (und können es aufgrund ihres Alters auch gar nicht sehen), dass die Aufgabe zu groß und ihre Umsetzung somit unrealistisch ist, sondern denken, dass der Fehler bei ihnen liegt. So entwickelt sich zunehmend ein Gefühl von Nicht-gut-genug-Sein, das sich bis ins Erwachsenenalter fortsetzt. Würden die so Überforderten sich mit ihren Nöten einem Erwachsenen anvertrauen, dann könnte dieser seine Sichtweise auf das Kind korrigieren und anders mit ihm umgehen. Vor allem könnte er ihm vermitteln, dass es auch dann wertvoll ist, wenn es nicht versucht, eine bestimmte Rolle einzunehmen. Leider aber haben die betroffenen Kinder so sehr Angst davor, die Erwachsenen zu enttäuschen, dass sie ihre Nöte, so gut es geht, verbergen. Und so dreht sich das Überforderungsrad immer weiter und weiter, bis daraus ein ausgeprägtes Hochstapler-Phänomen entstanden ist.

Vorsicht, Zerrspiegel:
Sie können das Verhalten und die Gefühle eines anderen Menschen nur begrenzt beeinflussen. So werden Sie immer wieder scheitern bei dem Versuch, ihn dauerhaft glücklich oder stolz zu machen.

Machen Sie den CHECK:
Wo habe ich zu viel Verantwortung übernommen?

- Gehen Sie in Gedanken in Ihre Kindheit zurück: Wie haben Sie Ihre Eltern erlebt? Wie fühlte es sich für Sie als Kind an, wenn diese unglücklich waren?
- Was haben Sie getan, um Ihre Eltern glücklich zu machen? Entsprach dieses Verhalten Ihrem kindlichen Wesen oder mussten Sie sich dafür verbiegen?
- Wie haben Ihre Eltern Sie gesehen? Entspricht deren Bild auch Ihrer Sichtweise?
- Welche Rolle hatten Sie in Ihrer Familie? Hat Ihnen diese Rolle behagt oder hat sie Sie belastet?
- In welchen Situationen haben Sie sich überfordert gefühlt? Gibt es Parallelen zu heutigen Überforderungssituationen?

MARLAS ERFAHRUNG: »FÜR MEINE ELTERN WAR ICH IMMER DIE INTELLIGENZBESTIE«

Auch Marla leidet unter dem Hochstapler-Phänomen, obwohl ihre Kindheit ganz anders verlaufen ist. *»Ich bin in einer richtigen Bilderbuchfamilie aufgewachsen«*, berichtet sie. *»Meine Eltern haben mich und meine Schwester immer unterstützt und gefördert. Meine Schwester ist knapp zwei Jahre älter als ich. Während sie sich alles hart erarbeiten musste und von meinen Eltern immer für ihren Fleiß gelobt wurde, habe ich eine schnelle Auffassungsgabe und schnappte viel davon auf, wenn meine Mutter meiner Schwester bei den Hausaufgaben half. Ich weiß noch, wie überrascht meine Mutter war, als sie meine Schwester gefragt hat, wie viel 7 × 4 ist, und ich die richtige Antwort gab.«* Marlas Eltern waren stolz auf ihr intelligentes Kind und erzählten anderen oft, dass ihre jüngste Tochter schon vor der Schule das Lesen gelernt hatte und bereits das kleine

Einmaleins beherrschte. Dieser Stolz blieb dem Kind nicht verborgen, und so lernte Marla zum einen, dass sie etwas Besonderes war und ihre Eltern damit glücklich machen konnte, und zum anderen, dass wirklich intelligente Menschen sich offenbar nicht anstrengen müssen, sondern ihnen das Wissen einfach nur so zufliegt: »*In der Grundschule kam ich ganz gut zurecht, auch wenn ich etwas verträumt war, doch ich lernte leicht und brachte gute Noten nach Hause. Als ich aber ins Gymnasium kam, war ich schockiert: Bis dahin war ich immer davon ausgegangen, dass ich superintelligent bin. Meine Eltern haben das ja auch immer wieder durch ihr Lob bestärkt. Jetzt aber hatte ich plötzlich Probleme. Es wurde viel mehr verlangt als in der Grundschule. Und plötzlich begann ich, an mir selbst zu zweifeln: Hatten meine Eltern gar nicht recht? Hatten sie sich in mir getäuscht? Was würden sie sagen, wenn sie herausfänden, dass ich in Wirklichkeit nur normaler Durchschnitt bin?*«

Ihre Selbstzweifel versuchte Marla vor den Eltern zu verbergen. Um ihnen nicht zu zeigen, dass sie für gute Noten lernen musste, erledigte sie ihre Aufgaben im Schulbus und lernte in den Pausen kurz vor der Schulstunde. Das ging nicht immer gut. »*Ich erinnere mich noch deutlich, wie ich einmal in einer Erdkundeprüfung völlig versagt hatte. Der Lehrer hatte Themen abgefragt, die er als Grundwissen voraussetzte – ich mit meinem Kurzzeitgedächtnis-Lernen war völlig blank. Als die nächste Erdkundestunde kam, in der wir die Arbeit zurückbekommen sollten, war ich nicht in der Lage, nach der Pause zurück ins Klassenzimmer zu gehen. Meine Mutter musste mich wegen starker Bauchschmerzen abholen. Im Nachhinein glaube ich, dass ich deswegen so Bauchschmerzen hatte, weil ich es nicht ertragen konnte, schwarz auf weiß zu sehen, dass meine Arbeit als ungenügend beurteilt worden war. Ich habe mich so sehr geschämt!*«

Ihren Eltern erzählte Marla nichts von ihren Schulproblemen, um sie nicht zu enttäuschen. Da sie überwiegend gute Noten schrieb, fielen einzelne Ausrutscher auch nicht auf, und in den Zeugnissen hatte sie gute bis sehr gute Zensuren. Dennoch zweifelte sie immer mehr an ihrer Intelligenz, und die Angst vor Prüfungen nahm über die Jahre weiter zu. Bis heute: *»Immer, wenn meine Eltern davon erzählen, dass ich so klug bin und studiert habe, fühle ich mich wie eine Betrügerin. Denn ich glaube, dass ich in Wirklichkeit gar nicht so schlau bin, wie sie denken. Dass es viele Menschen gibt, die so viel klüger und erfolgreicher sind als ich. Und dass ich mich durch das Studium mit mehr Glück als Verstand durchgemogelt habe. Auch heute noch, viele Jahre später, geht es mir so, dass ich spontan Herzrasen und Schweißausbrüche bekomme, wenn ich etwas gefragt werde, was ich eigentlich wissen müsste. Oder wenn ich eine Präsentation halten soll. Ich hab dann solche Angst, einen Fehler zu machen und meine Inkompetenz zu zeigen. Früher waren es die Eltern, die ich nicht enttäuschen wollte. Heute ist es mein Chef, dessen Erwartungen ich immer erfüllen möchte. Ich fürchte, das hört irgendwie nie auf.«*

Anders als Oliver hatte Marla eine glückliche Kindheit und die Unterstützung von Mutter und Vater. Die Eltern waren stolz auf ihre Töchter und wollten aus ihnen selbstbewusste Menschen machen. Daher lobten sie beide Kinder für deren Stärken, die ältere Schwester für ihren Fleiß und die jüngere für ihre Intelligenz. Doch Marla hatte in ihrem kindlichen Denken eine verzerrte Vorstellung von Intelligenz entwickelt.

Das ist nicht selten zu beobachten, wenn sich Kinder zu sehr unter Druck setzen, um die vermeintlich an sie gestellten Erwartungen zu erfüllen. Sie überinterpretieren dann manche Aussagen, ziehen falsche Schlussfolgerungen und denken in Extremen. Bei Marla war es die Überzeugung, dass wirklich kluge Menschen sich überhaupt nicht anstrengen müssen. Aber auch andere, ähnlich überzogene Annahmen können Auslöser für Hochstapler-Gefühle sein: Das Lob der Mutter, dass die Fünfjährige ja so eine verständnisvolle große Schwester sei, wird für das Kind zum Auftrag, niemals böse auf den kleinen Bruder zu sein. Und ein Kind, das den Stolz der Eltern erfährt, weil es im Sport einen Preis gewonnen hat, wird von Wettbewerb zu Wettbewerb mehr mit Versagensängsten kämpfen, weil es denkt, dass es nun immer auf dem Treppchen landen müsse.

Merke: Überforderung entsteht oft dadurch, dass wir ein überzogenes Idealbild in uns tragen, dem wir entsprechen wollen. Ein Ideal zu erfüllen ist jedoch unmöglich.

Diese an sich selbst gestellten Ansprüche können nicht erfüllt werden, da wir alle nur Menschen und keine Superhelden sind. Das Kind hat Angst, dass andere von ihm enttäuscht sein könnten, wenn sie merken, dass es nicht leisten kann, was von ihm erwartet wird, und versucht daher, seine Schwierigkeiten zu verbergen. Würde es darüber sprechen, könnten die Eltern seine Selbsteinschätzung korrigieren und die Erwartungen auf ein realistisches Maß verringern.

Machen Sie den CHECK:
Was denken Sie über Ihre Fähigkeiten?

- Wofür wurden Sie als Kind oft gelobt?
- Versuchen Sie nun diese Stärke für sich zu definieren. Entspricht Ihre Definition allgemeingültigen Kriterien?
- Hatten Sie als Kind überzogene Erwartungen an sich selbst? In welchen Bereichen sind diese am häufigsten aufgetreten?

MEINE ELTERN SIND ALSO AN ALLEM SCHULD – ODER ETWA DOCH NICHT?

So unterschiedlich die Lebensgeschichten von Oliver und Marla auch sind, sie haben mehrere Punkte gemeinsam. Beide versuchten als Kind, einem Bild zu entsprechen, das überzogen war. Beide gingen davon aus, dass die Eltern enttäuscht von ihnen wären, wenn sie diesem Bild nicht entsprächen, und beide befürchteten, dass sie irgendwann versagen und die Eltern unglücklich machen könnten. Der innere Zerrspiegel ist also schon in der Kindheit entstanden. Doch welche Rolle spielten die Eltern dabei? Hätten sie die Nöte ihrer Kinder bemerken müssen und so die Entstehung des Hochstapler-Phänomens verhindern können?

Sowohl in meiner Arbeit als Psychotherapeutin wie auch als Coach wird mir diese Frage immer wieder gestellt. Vielen Menschen wird in der Auseinandersetzung mit ihrer Kindheit bewusst, dass sie nicht die Unterstützung bekommen haben, die sie gebraucht hätten. Einige hadern dann mit ihrer Erziehung und machen die Eltern für ihre Schwierigkeiten verantwortlich. Für den Prozess der Gesundwerdung und des persönlichen Wachstums ist es jedoch nicht zielführend, den Eltern die Schuld zu geben oder gar von ihnen eine Wiedergutmachung zu erhoffen. Dadurch manövrieren sich die Betroffenen nur erneut in eine passive, abwartende Kinderrolle. Sie sind davon überzeugt, dass die Heilung von außen kommen muss, in diesem Fall von den Eltern. Doch leider warten sie vergebens darauf, dass sich im eingespielten Familiensystem etwas verändert.

Wenn auch Ihnen beim Lesen dieses Kapitels schmerzlich bewusst geworden ist, was in Ihrer Kindheit schiefgelaufen ist und dass doch alles anders hätte sein können, möchte ich Sie dazu ermuntern, einen versöhnlicheren Blick auf die Ereignisse in Ihrer

Kindheit zu werfen. Die meisten Eltern, die ich kenne, wünschen sich das Beste für ihre Kinder. Weder Olivers Mutter noch Marlas Eltern wollten ihrem Kind schaden. Vielmehr hatten Marlas Eltern versucht, ihre Kinder durch Lob und Bestätigung zu selbstbewussten Menschen zu machen. Und Olivers Mutter war bestimmt nicht bewusst, in welche Rolle sie ihren Sohn drängte. Welche weit reichenden Konsequenzen das eigene Verhalten haben kann, ist oft nur sehr schwer oder gar nicht vorhersehbar. Ganz abgesehen davon, dass Vater und Mutter auch nur Menschen mit eigenen Prägungen, Fehlern und Schwächen sind und das tun, was in ihren – zum Teil begrenzten – Möglichkeiten steht.

Es geht mir nicht darum, alles, was in Ihrer Kindheit vorgefallen ist, zu entschuldigen oder gar zu bagatellisieren. Ihre Trauer, dass die Dinge nicht so gelaufen sind, wie sie idealerweise hätten laufen können, ist verständlich. Aber fokussieren Sie sich nicht auf die Vergangenheit, sondern kümmern Sie sich um Ihre Zukunft. Sie sind nun erwachsen und können sich selbst helfen. Im dritten Teil des Buchs werden Sie sich noch einmal intensiv mit Ihrer Lebensgeschichte auseinandersetzen. Sie werden nicht nur lernen, sich selbst die nötige Unterstützung zu geben, sondern Sie bekommen zudem nochmals einen ganz anderen Blick auf die vergangenen Ereignisse. Dadurch können Sie immer besser Zusammenhänge erkennen, die dahinterliegenden Gründe verstehen und sich selbst als das wahrnehmen, was Sie sind: kein Versager, sondern ein Überlebenskünstler.

SOZIALE MEDIEN – DER IDEALE NÄHRBODEN FÜR HOCHSTAPLER-GEFÜHLE

Das Impostor-Phänomen wird zudem noch durch ganz andere Faktoren verstärkt, die gar nichts mit Ihrer Ursprungsfamilie zu tun haben: die sozialen Medien. Sie sind zunehmend zu einem Bestandteil unseres täglichen Lebens geworden und bieten die besten Voraussetzungen dafür, uns das Gefühl zu geben, nicht gut genug zu sein.

Facebook, Instagram und Co. sind längst nicht mehr nur dem Austausch unter Freunden vorbehalten, vielmehr ist hier eine Art virtueller Marktplatz entstanden, auf dem wir um Follower, um Likes und um zukünftige Kunden werben. Sichtbarkeit ist das Zauberwort, und gesehen werden sollen natürlich vor allem unsere Erfolgsmomente. Kein Wunder also, dass sich die meisten von ihrer Schokoladenseite zeigen. Sie teilen vor allem die schönen Erlebnisse, wie zum Beispiel einen Urlaub, ein harmonisches Familienleben, eine Feier mit Freunden. Das schreiende Kleinkind und der zugemüllte Keller finden dagegen eher selten den Weg in die Öffentlichkeit. Die Bilder werden mit Bedacht ausgewählt und häufig auch noch gründlich nachbearbeitet. Unternehmer berichten von traumhaften Monatsumsätzen und beeindruckenden Zuwachsraten. Keiner spricht über organisatorische Schwierigkeiten, Selbstzweifeln oder Kundenrückgang. Allenfalls dann, wenn er die perfekte Lösung für unser Problem hat – die er uns auch gleich verkaufen möchte. Zum Sonderpreis, versteht sich!

Vorsicht, Zerrspiegel:
Sie sind nicht minderwertig oder unfähig, weil Sie nicht dem perfekten Bild entsprechen, das in den sozialen Medien verbreitet wird. Das tut keiner.

Als User von digitalen Medien bekommt man schnell den Eindruck, als hätten alle anderen ein perfektes Sozialleben, größeren beruflichen Erfolg als man selbst und sähen zudem noch blendend aus. Man könnte denken, diese Superhelden, die alle Lebensbereiche im Griff haben, existieren tatsächlich. Obwohl Sie genau wissen, dass in den sozialen Netzwerken vieles mehr Schein als Sein ist, können Sie sich den Bildern, die in Ihrem Kopf entstehen, nicht ganz verschließen. Da ist es dann oft nur noch ein kleiner Schritt hin zu dem Gefühl, den Anforderungen, die das Leben an Sie stellt, nicht zu genügen. Ihre überhöhten Erwartungen an sich selbst scheinen nahezu bestätigt. Wenn andere das hinbekommen, dann sollten Sie doch auch dazu in der Lage sein. Wenn Sie zudem selbst Beiträge in den sozialen Medien schreiben oder posten, schließt sich der Teufelskreis. Denn auch Sie werden vermutlich eher Ihre Sonnenseiten zeigen und die Selbstzweifel oder Versagensängste tunlichst verbergen. Dadurch verfestigt sich natürlich die Grundüberzeugung, dass Sie wohl doch ein Fake sind, ein Hochstapler, dem man auf keinen Fall auf die Schliche kommen darf.

Merke: Social Media verstärken das Hochstapler-Phänomen, da wir eine falsche, überoptimierte Welt zu sehen bekommen und uns im Vergleich dazu minderwertig fühlen.

Machen Sie den CHECK:

Wie wirken die sozialen Medien auf mich?

- Beobachten Sie, wie sich Ihr Selbstbewusstsein durch Nutzung der sozialen Medien verändert (hat).
- Prüfen Sie, auf welche Beiträge Sie besonders sensibel reagieren.
- Welche Bilder, Begriffe oder Vergleiche wecken in Ihnen ein Gefühl von Unzulänglichkeit?
- Wie sehr nutzen Sie die sozialen Medien? Vergleichen Sie sich unbewusst mit dem Idealbild, das dort oft propagiert wird?

SELBSTREFLEXION:

Was ist meine ganz eigene Hochstapler-Geschichte?

In den Checks des dritten Kapitels haben Sie sich bereits mit den einzelnen Bausteinen zur Entstehung des Hochstapler-Phänomens auseinandergesetzt. Fügen Sie die Antworten, die Sie dort auf die jeweiligen Fragen gegeben haben, nun zu einem Ganzen zusammen, um Ihre eigene Hochstapler-Geschichte erkennen zu können.

Die folgenden Fragen können Ihnen dabei helfen:

- Welche klassischen Impostor-Eigenschaften (Introversion, Perfektionismus, Neurotizismus, geringer Selbstwert) kann ich an mir entdecken? Wie stark sind diese ausgeprägt?
- Welche äußeren Einflüsse (falsche Rollenerwartungen, Verhalten von Bezugspersonen, Erfahrungen mit Social Media) haben mir ein Gefühl von Unzulänglichkeit gegeben?
- In welchen Bereichen fühle ich mich unzureichend und nicht gut genug? Woher kommt diese Überzeugung, dass ich genau in diesen Bereichen besser sein müsste?

KAPITEL 4

WO IST DENN HIER DER AUSGANG?

Mit einem leicht mulmigen Gefühl steht Marla vor der Tür des Betriebspsychologen. Nach ihrem ersten Gespräch hatte er mit ihr einen Kontrolltermin vereinbart, um den Fortgang zu überprüfen. »Wie ist es denn gelaufen?«, fragt sich Marla, da sie weiß, dass diese Frage kommen wird. Hat sich seitdem etwas verändert? Natürlich ist es eine gewisse Erleichterung zu wissen, was mit ihr los ist. Sie ist nicht verrückt und sie ist auch kein Alien, sondern eine von vielen Betroffenen. Das ist schon einmal gut. Sie bemüht sich seither auch, nicht mehr so perfektionistisch zu sein und ihre Überstunden deutlich zu reduzieren. Dadurch hat sie nun mehr Freizeit, um sich zu erholen. Aber die Hochstapler-Gefühle sind trotzdem noch da. Als sie kürzlich bei einer Auftragsarbeit bewusst kein zweites Mal Korrektur gelesen hat und von ihrem Chef prompt auf einen kleinen Mangel hingewiesen wurde, hat sie sich doch wieder wahnsinnig geschämt.

»Wissen Sie«, erklärt sie kurz darauf dem Psychologen, »es ist ein bisschen so, als hätte ich meinen Kompass verloren. Ich versuche, einen anderen Weg zu nehmen, um endlich aus diesen Unfähigkeitsgefühlen herauszukommen, aber irgendwie merke ich, dass ich dann trotzdem wieder bei meinen Ängsten und meinen alten Überzeugungen lande. So, als wäre ich im Kreis gelaufen.«

»Oh, das wundert mich überhaupt nicht«, lächelt der Mann mit den schlauen Augen, der ihr gegenübersitzt. »Wenn Sie das Infomaterial gelesen haben, das ich Ihnen mitgegeben habe, wissen Sie ja vermutlich schon, auf welchen verschiedenen Ebenen sich das Impostor-Phänomen manifestiert.« – »Ja«, nickt Marla. »Auf den

Ebenen der Wahrnehmung, der Gedanken, der Gefühle und des Verhaltens.«

»Genau«, bestätigt der Psychologe, »und jede dieser Ebenen führt zur nächsten. Sie befinden sich also in einem ganz klassischen Teufelskreis. Lassen Sie uns gemeinsam einmal die verschiedenen Etappen darin aufzeichnen, und dann erkläre ich Ihnen, an welchen Punkten Sie ansetzen können, um den Weg herauszufinden.«

In meiner Vorstellung besteht das Impostor-Phänomen nicht nur aus einem einzelnen Zerrspiegel, vielmehr handelt es sich um ein ganzes Spiegellabyrinth. Immer dann, wenn wir das Gefühl haben, nun endlich zu wissen, wo es langgeht, stellen wir fest, dass wir mal wieder in einer Sackgasse stehen oder plötzlich an einem Punkt angelangt sind, an dem wir doch zuvor schon einmal gestanden haben. In einem Spiegellabyrinth verlieren wir die Orientierung, denn die Spiegel sind oft so angeordnet, dass sie dort einen Ausweg vortäuschen, wo es gar keinen gibt. Kein Wunder also, dass Sie trotz all Ihrer Kreativität und Ihrer Intelligenz bislang noch keine Lösung für Ihr Hochstapler-Problem gefunden haben.

Und doch gibt es in jedem Labyrinth einen Ausweg, manchmal sogar mehrere. Wir müssen sie nur finden und die Irrwege ausschließen. Auch beim Impostor-Phänomen ist das so. Sie sind also nicht für alle Ewigkeit in Ihrem negativen Denken gefangen. Es gibt mehrere Wege, die Sie herausführen können. Dafür sollten Sie aber erst einmal das Phänomen in seiner Gesamtheit erfassen und ein Trugbild von einem richtigen Ausgang unterscheiden können. Lassen Sie uns also in diesem Kapitel all die Informationen, die Sie bisher erhalten haben, miteinander verknüpfen. Denn erst wenn Sie genau verstanden haben, wie die einzelnen Komponenten Ihres inneren Zerrspiegels zusammenpassen und vor allem zusammenwirken, können Sie den Weg aus diesem Irrgarten finden.

Vorsicht, Zerrspiegel:
Dass Sie bisher noch keinen Ausweg aus dem Impostor-Dasein gefunden haben, heißt nicht, dass es keinen Ausweg gibt. Es bedeutet auch nicht, dass Sie nicht dazu imstande sind, ihn zu finden. Vielmehr liegt das daran, dass Sie bislang noch nicht wussten, wo Sie ansetzen können.

HEREINSPAZIERT INS SPIEGELLABYRINTH

Schon bei der Geburt bringen wir bestimmte Persönlichkeitseigenschaften mit, die sich später durch unsere Erziehung noch verstärken. Ein introvertiertes Kind wird viele Ereignisse eher mit sich selbst ausmachen, als die Eltern um Rat zu fragen, und dabei vielleicht zu falschen Schlussfolgerungen kommen. Es überschätzt in seiner kindlichen Vorstellungskraft manche Aussagen und lässt andere völlig außer Acht. So entwickelt es eine Sicht auf die Welt und auf sich selbst, die für andere gar nicht nachvollziehbar ist.

Sie haben bereits gelernt, dass bestimmte Ereignisse – das können sehr belastende Erfahrungen sein wie bei Oliver, aber auch eher ermutigende Bemerkungen wie bei Marla – dazu führen, dass wir uns eine ganz konkrete Aufgabe überstülpen. Oliver rutschte in die Rolle des Ersatzmannes, des Goldjungen, der seine Mutter glücklich machen muss. Marla nahm die Rolle der Intelligenten an, der alles zufliegt und die ihre Eltern stolz machen soll.

Überlegen auch Sie, welche Rolle Sie zeitlebens in Ihrer Familie ausgefüllt haben und ob diese Ihren Fähigkeiten entsprochen hat. Es ist gut möglich, dass diese Rolle Ihnen vielleicht nie ausdrücklich zugedacht war, aber als Kind hatten Sie das so verstanden und waren sich sicher, dass eine bestimmte Leistung oder ein bestimmtes Verhalten von Ihnen erwartet wird. Also versuchten Sie von diesem Zeitpunkt an, sich erwartungsgemäß zu verhalten.

Sowohl Oliver als auch Marla waren überfordert, konnten sich aber damit weder ihren Eltern noch ihren Freunden anvertrauen. Oliver wollte seine Mutter auf keinen Fall belasten, Marla ihre Eltern nicht enttäuschen. So kam es, dass die falschen Grundüberzeugungen »*Ich muss meine Mutter um jeden Preis glücklich machen*« und »*Ich muss mühelos Leistung erbringen und darf keinen Fehler machen*« nicht korrigiert werden konnten.

Wenn Sie sich mit Ihrer Kindheit und der Rolle, die Sie in der Familie gespielt haben, auseinandersetzen, werden vermutlich auch Sie die ein oder andere verzerrte Einstellung erkennen können, die Sie schon lange mit sich herumtragen und nach deren Muster Sie immer noch leben. Fragen Sie sich einmal, wie diese Einstellung sich auf Ihr Selbstwertgefühl und Ihre Fehlertoleranz ausgewirkt hat.

Merke: Unsere Persönlichkeitsmerkmale und unsere Interpretationen beeinflussen und verstärken sich wechselseitig.

Aus der übertriebenen Erwartung entstehen Versagensängste. Gerade Kinder mit einer eher neurotischen Veranlagung werden Ereignisse zu sehr auf sich beziehen und negativ verarbeiten. Gewissenhaftigkeit und Sorgfalt entwickeln sich langsam zum Perfektionismus, da ein Fehler das Eingeständnis von Versagen wäre und mit starker Scham behaftet ist. Das Kind lebt in einer ständigen Angst, die Eltern irgendwann zu enttäuschen. Es empfindet sich dadurch als minderwertig und nur dann als wertvoll, wenn es die Erwartungen erfüllen kann. Der Selbstwert wird dadurch stark beeinträchtigt.

Dieses Paket bringen Sie also mit. Sie gehen davon aus, nicht gut genug zu sein, weil Sie den (vermeintlichen) Erwartungen, die in der Kindheit an Sie gestellt wurden, nicht zu hundert Prozent gerecht werden konnten. Eine entsprechende Persönlichkeit und eine Rollenerwartung, die zu groß ist, um sie zu erfüllen, sind die Grundvoraussetzungen, um sich langsam, aber sicher im Impostor-Phänomen zu verirren.

EINMAL HOCHSTAPLER, IMMER HOCHSTAPLER?

Ihr innerer Spiegel wurde also zum Zerrspiegel, als Sie versuchten, eine unpassende Rolle auszufüllen. In Ihnen wuchs die Überzeugung, nur dann ein wertvoller Mensch zu sein, wenn Sie die Erwartungen erfüllen. Und gleichzeitig entwickelten Sie Angst, zu versagen und alle zu enttäuschen. Der Schritt hinein ins Labyrinth ist getan. Von nun an wird jede Herausforderung, die die wunden Punkte von damals triggert, das Impostor-Denken verstärken. Wie genau das abläuft, erkläre ich Ihnen zunächst am Beispiel von Oliver, bevor wir dann gemeinsam Ihren ganz eigenen Impostor-Teufelskreis erstellen.

Olivers Eintrittskarte ins Spiegellabyrinth war seine Überzeugung, dass er für das Wohlergehen der Menschen um ihn herum verantwortlich sei und sie nicht enttäuschen dürfe. Als Kind hatte er bereits versucht, die Mutter glücklich zu machen und ihr eine gute Stütze zu sein. Dies war ihm aber nicht immer gelungen, und so erlebte er sich selbst als unzureichend. Sein Bestreben, andere Menschen zu erfreuen, setzte sich über die Jahre fort und wirkt selbst im Erwachsenenalter noch weiter. Auf der Arbeit versucht

Oliver sein Bestes zu geben, um weder Vorgesetzte noch Kollegen zu enttäuschen. Auch dort fühlt er sich nicht gut genug und lastet es sich an, wenn er einmal nicht helfen kann. In der Firma wird er allerdings ganz anders wahrgenommen. Er gilt dort als kompetente und sehr umsichtige Arbeitskraft, auf die man sich jederzeit verlassen kann. Dies ist auch der Grund, warum sein Chef ihm die Beförderung zum Personalleiter angeboten hat. Obwohl sich Oliver selbst als nicht erfahren genug sieht und ihn die große Verantwortung zudem abschreckt, nimmt er die Herausforderung an, um seinen Chef nicht vor den Kopf zu stoßen. Plötzlich ist er Ansprechperson für einhundertzwanzig Mitarbeiter, die ihn um Rat fragen.

Aufgrund seiner überzogenen Vorstellung, als Personalleiter für das Wohlergehen all seiner Kollegen verantwortlich zu sein und versagt zu haben, wenn er nicht jedes Problem lösen und jede Frage beantworten konnte, erlebt Oliver seine neue Stellung als Überforderung und sich selbst als Enttäuschung. Seine größte Angst ist es, sich als unfähig und der neuen Position unwürdig zu erweisen. Seine Wahrnehmung ist nun darauf fokussiert. Er beginnt, auf jede Unsicherheit bei sich zu achten, registriert jede Missstimmung unter den Kollegen und bezieht diese sofort auf sich. Selbst ein Gähnen während einer Versammlung irritiert ihn – schließlich möchte er sein Team auf keinen Fall langweilen. Indem er überall nur noch Probleme sieht und positiven Rückmeldungen gar keine Beachtung schenkt, verstärkt sich seine Überzeugung, nicht der Richtige für diese Stelle zu sein. Er hadert innerlich mit sich, macht sich Vorwürfe und vergleicht sich mit anderen. Immer mehr redet Oliver sich ein, dass er ein Versager sei und die Mitarbeiter von einem anderen Personalleiter mehr profitieren würden. Jede neue Aufgabe macht ihm Angst, weil er befürchtet, sie nicht bewältigen zu können. Er schämt sich für kleine Patzer und fühlt sich gegenüber seinem Chef schuldig, weil er dessen Erwartungen vermeintlich nicht erfüllt.

Da Oliver der Überzeugung ist, dass wahre Kompetenz keiner Hilfe bedarf und jemand in seiner Position alles Wesentliche wissen müsse, fällt es ihm schwer, seinen Chef um Informationen zu bitten. Die neuen Verantwortungsbereiche, wie zum Beispiel das Ausrichten einer Personalversammlung, sind ihm – verständlicherweise – nicht vertraut. Da er aber seine Unwissenheit auf keinen Fall zeigen möchte, fragt er nicht nach und bittet auch nicht um Unterstützung. Daher hat er kaum eine Möglichkeit, sich angemessen auf die neuen Aufgaben vorzubereiten. Lähmende Angst macht sich breit. Wenn er nur wüsste, was er für die Personalversammlung in die Wege leiten soll! Deren Organisation schiebt er so lange auf, bis das Event unmittelbar bevorsteht. Die Nächte verbringt er schlaflos und malt sich im Geist aus, welche Katastrophen über ihn hereinbrechen werden. Die Gefühle von Angst und Scham sind so stark und überzeugend, dass für beruhigende Gedanken kein Platz mehr ist.

Das Event findet statt, und irgendwie kann Oliver es bewältigen. Als nun die Versammlung zu Ende ist und alle sich bei ihm bedanken, ist er zwar erleichtert, jedoch kann er die positiven Rückmeldungen nicht annehmen. Er weiß genau, dass er zu wenig für die Planung getan hat und viel mehr hätte leisten müssen. Er sieht die Schwachstellen in seinem Auftreten und ärgert sich, dass er sich nicht besser vorbereitet hat. Warum sollte er also Lob verdient haben? Ein anderer an seiner Stelle hätte souveräner und kompetenter agiert.

Da ihm die Anerkennung doch eigentlich gar nicht zusteht, fühlt sich Oliver wie ein Hochstapler. Er kann gar nicht begreifen, warum die anderen so positiv von ihm denken. Aber er ist sich sicher: Das nächste Ereignis wird nicht mehr so glimpflich ablaufen, spätestens dann wird er alle enttäuschen. Beim Gedanken an den in zwei Wochen anstehenden Workshop, den er leiten soll, wird ihm fast übel. Die nächste Runde im Teufelskreis hat schon begonnen.

IHR GANZ PERSÖNLICHER HOCHSTAPLER-TEUFELSKREIS

Nun dürfen Sie die Einzelteile Ihres ganz persönlichen Hochstapler-Puzzles zusammensetzen. Sie finden dazu auf der nächsten Seite eine Grafik, die Sie Schritt für Schritt durch Ihr Zerrspiegel-Labyrinth führt. Zudem zeige ich Ihnen am Beispiel von Marla, wie Sie die einzelnen Felder richtig ausfüllen.

Beginnen wir in Ihrer Kindheit: Welche Rolle haben Sie als Kind einnehmen wollen und sind daran gescheitert? Welche Erwartungen haben Sie erfüllen wollen? Oft sind dies Dinge, an die man sich nicht gern erinnert. In der Regel sind sie ganz tief in uns vergraben und uns gar nicht mehr bewusst. Wenn Sie also nicht von selbst auf die Antworten kommen, so versuchen Sie es einmal andersherum: Welche aktuelle Herausforderung bereitet Ihnen ganz besonders viel Angst? Warum ängstigt Sie diese Herausforderung? Welche Erwartungen vermuten Sie bei anderen? Kennen Sie ähnliche Erwartungen aus Ihrer Kindheit? Auf diese Weise finden Sie Ihren wunden Punkt, der Ihnen auch heute noch das Leben schwer macht.

Haben Sie erst einmal verstanden, welche alten Kindheitsmuster und Prägungen in Ihnen aktiv sind, fällt es Ihnen leichter, sich davon zu distanzieren. Denn natürlich sind Sie längst nicht mehr das Kind von damals und Ihr Chef hat mit Ihrer Mutter / Ihrem Vater nicht das Geringste zu tun.

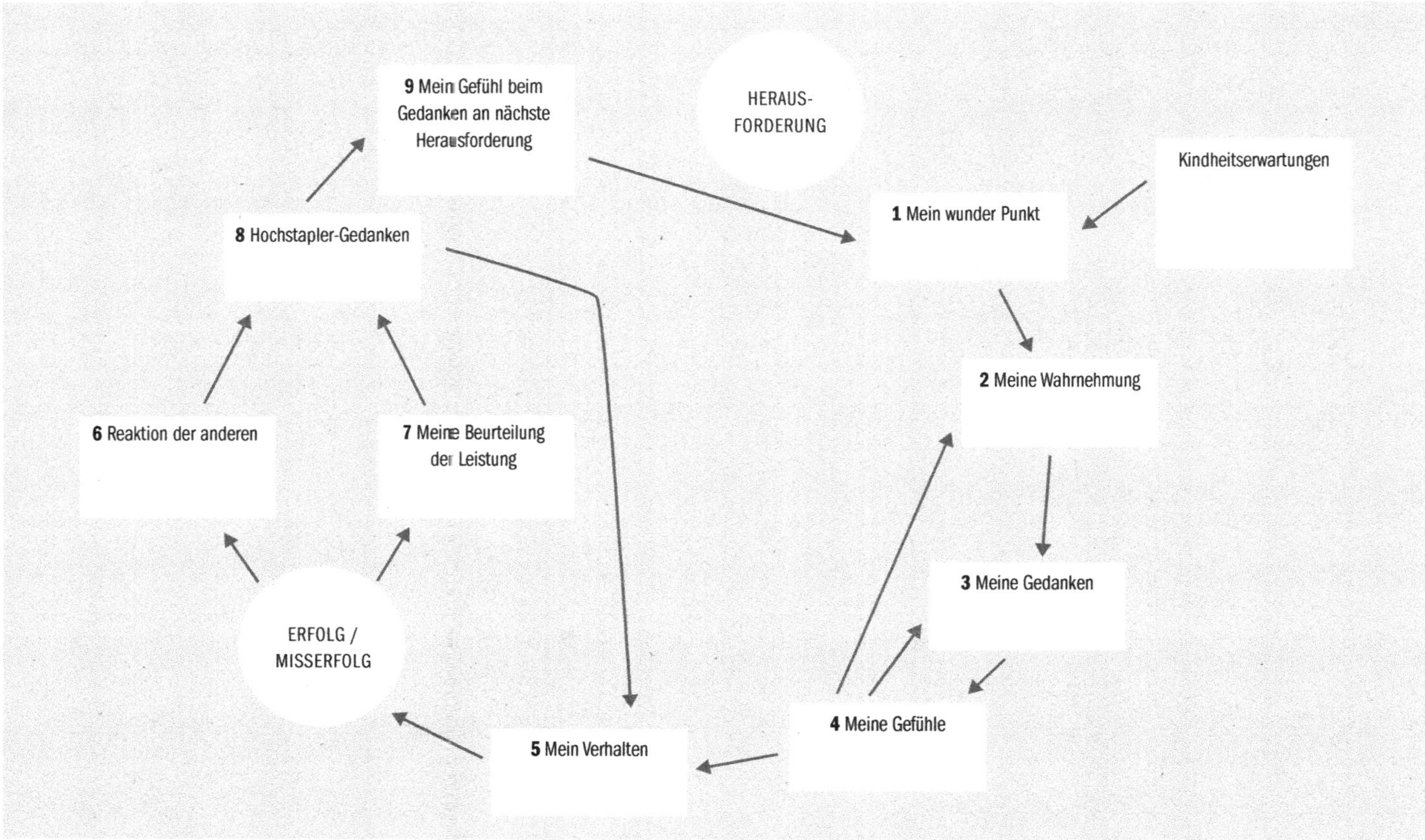
HERAUS-
FORDERUNG
Kindheitserwartungen
1 Mein wunder Punkt
2 Meine Wahrnehmung
3 Meine Gedanken
4 Meine Gefühle
5 Mein Verhalten
ERFOLG / MISSERFOLG
6 Reaktion der anderen
7 Meine Beurteilung der Leistung
8 Hochstapler-Gedanken
9 Mein Gefühl beim Gedanken an nächste Herausforderung

Tragen Sie Ihren wunden Punkt aus der Kindheit in das **Feld Nr. 1** ein und formulieren Sie ihn als eine Tatsache in der Gegenwartsform. Marlas Satz beispielsweise lautet: »*Ich muss immer eine perfekte Leistung bringen, um andere nicht zu enttäuschen, und das kann ich nicht.*«

Nun überlegen Sie, wie sich dadurch Ihre Wahrnehmung verändert hat. Denken Sie daran, dass unsere Aufmerksamkeit von unseren Bedürfnissen und unseren Ängsten gesteuert wird. Fragen Sie sich also: Was bleibt mir am meisten im Gedächtnis? Worauf achte ich ganz automatisch? In der Annahme, alle anderen überflügeln zu müssen, werden Sie vermehrt auf eigene Fehler und auf gute Leistungen von anderen achten. Bei dem Bestreben, es allen recht zu machen, werden Ihnen vor allem Missstimmungen oder Anzeichen von Enttäuschung und Irritation auffallen. Überlegen Sie sich daher nun, auf welche Faktoren Ihre Wahrnehmung geschärft wurde. Diese schreiben Sie in das **Feld Nr. 2.** Für Marla waren das: »*Rotwerden und Zittern. Verhaspeln. Kleine Fehler. Stottern. Wissenslücken.*«

Wenn Sie Ihre eigenen Fehler wie durch eine Lupe wahrnehmen und die Fehler anderer eher in normalem Maß (oder sogar mit einem Verkleinerungsglas), wird diese Verzerrung natürlich Ihre Meinung über sich selbst und über andere beeinflussen. Fragen Sie sich daher, wie Sie in Bezug auf Ihre Fähigkeiten (gerade gegenüber Ihrem wunden Punkt aus dem ersten Feld) denken. In **Feld Nr. 3** notieren Sie Ihre eigene Einschätzung bezüglich Ihrer Kompetenzen. Bei Marla steht an dieser Stelle: »*Ich bin nicht intelligent genug. Meine Präsentationen sind peinlich und unprofessionell. Ich kann das einfach nicht. Mir passieren immer die blödesten Fehler, egal, wie sehr ich mich bemühe.*«

Unsere Gedanken steuern auch unsere Gefühle. Was spüren Sie, wenn Sie an eine bevorstehende Aufgabe denken und sich noch einmal Ihre Gedanken aus dem dritten Feld durchlesen? Welche Gefühle werden dabei ausgelöst? Halten Sie diese im **Feld Nr. 4** fest. Marla schrieb zum Beispiel: »*Hoffnungslosigkeit. Frustration. Unfähigkeit. Angst, mich zu blamieren.*« Die Gefühle, die auftreten, verstärken wie in einer Rückkoppelungsschleife unsere Gedanken und unsere Wahrnehmung. Marlas Angst vor einer Blamage, gemischt mit Resignation, ließ sie vor allem die Zeichen wahrnehmen, die sie in ihren Inkompetenz-Überzeugungen bestärkten. Auch bei Ihnen gibt es diesen selbstverstärkenden Mechanismus: Je mehr Sie das Gefühl einer Bedrohung haben, desto stärker werden Sie auf Anzeichen der Gefahr achten. Und je stärker Scham und Schuldgefühle sind, desto mehr sind Sie davon überzeugt, unfähig zu sein.

Unsere Gedanken und Gefühle lösen nun eine entsprechende Handlung aus. Welche Strategien haben Sie entwickelt, um die Ihnen anvertraute Aufgabe trotzdem zu meistern? Gehören Sie eher zu Over-Doern, die wie Eichhörnchen in blindem Aktionismus für den Ernstfall vorsorgen und dabei übertrieben reagieren, oder eher zu den Under-Doern, die wie Kaninchen erstarrt auf die Schlange schauen? Überlegen Sie sich genau, wie Sie mit Ihrer letzten Herausforderung umgegangen sind und welche Maßnahmen Sie im Vorfeld ergriffen haben. Dieses Verhalten gehört in das **Feld Nr. 5**. Marla zählt natürlich zu denjenigen, die sich akribisch vorbereiten. Sie notierte daher: »*Ich lese mir viel Hintergrundwissen an, um nicht wie ein Idiot dazustehen. Ich verwende viel Zeit für eine überzeugende Präsentation, jedes Detail muss stimmen. Den Vortrag lerne ich auswendig und halte ihn mehrere Male vor dem Spiegel.*«

Denken Sie nun zurück an Ihre letzte Herausforderung, der Sie sich gestellt haben. Welche Reaktionen der anderen sind Ihnen in Erinnerung geblieben? Schreiben Sie die Antwort in das **Feld Nr. 6**.

In Marlas Beispiel waren das: »*Applaus. Komplimente. Meine Kollegin sagte mir, dass ich das Thema gut und verständlich aufbereitet hätte.*«

Nicht immer deckt sich die Bewertung der anderen mit Ihrer eigenen Bewertung. Wie haben Sie selbst Ihre Leistung eingeschätzt? Diese Gedanken notieren Sie im **Feld Nr. 7.** Marla schrieb auf: »*Durchschnittlich. Noch zu viele Fehler. Öfter mal verhaspelt und ins Schwimmen gekommen. Nicht souverän auf eine Anmerkung reagiert, sondern zu stottern begonnen.*« Nun vergleichen Sie einmal die Eigen- und die Fremdwahrnehmung. Wenn die Einschätzungen im sechsten und siebten Feld deutlich voneinander abweichen, verstärkt das oft die Hochstapler-Gedanken. Auch Marla stellte fest, dass ihre Einstellung und die der anderen völlig gegenläufig waren. Da sie selbst ihre Leistung als durchschnittlich, ja sogar eher mangelhaft wahrgenommen hatte, konnte sie die Komplimente und den Applaus gar nicht annehmen, sondern war darüber vielmehr irritiert.

Wenn Sie merken, dass Ihre Einschätzung so ganz anders ist als das Feedback, das Sie bekommen haben, suchen Sie automatisch nach einer Erklärung. Tragen Sie in das **Feld Nr. 8** die Gedanken ein, die Ihnen durch den Kopf schossen, als Sie die Reaktionen Ihrer Umgebung wahrnahmen. Wie erklären Sie selbst sich die positiven Rückmeldungen? Kamen sie durch Zufall, Sympathie, Glück zustande oder gibt es ganz andere Begründungen dafür? Marla kam zu folgender Schlussfolgerung: »*Ich fühle mich dann beschämt. Habe das Gefühl, diese Komplimente nicht verdient zu haben, da ich ja nur deshalb gut war, weil ich übermäßig lange daran gearbeitet habe. Wenn die wüssten, wie viel Vorbereitungszeit ich investiert habe, würden sie ungläubig den Kopf schütteln.*« Welche Befürchtungen oder Beurteilungen laufen in Ihrem Kopf ab? Sie verstärken oft unsere schlechte Meinung über uns selbst. Und sie wirken sich auch auf unsere Strategien in der Zukunft aus. Wenn Sie sich wie Marla Ihren Erfolg dadurch erklärt haben, dass Sie viel zu viel Zeit für die Vorbereitung gebraucht haben, so werden Sie sehr wahrscheinlich beim nächsten Mal mindestens genauso viel Zeit dafür aufwenden – oder sogar noch mehr. Denn Sie denken nun, dass dies die einzige Möglichkeit ist, einen Misserfolg zu vermeiden. Haben Sie sich dagegen den Erfolg dadurch erklärt, dass man Sie aus Sympathie wohlwollend behandelt hat, so werden Sie noch mehr versuchen, den Wünschen anderer zu entsprechen, um es sich mit ihnen nicht zu verscherzen.

Und damit ist der Teufelskreis mit seinen vielen Querverbindungen und Rückkopplungen fast perfekt. In das letzte noch verbleibende **Feld Nr. 9** tragen Sie nun die Gefühle ein, die auftreten, wenn Sie an die nächste Herausforderung denken, und die dann meist direkt eine weitere Runde im Kreisel einleiten. Lassen Sie nun das Ganze auf sich wirken. Indem Sie visualisiert haben, welche Gedanken, Gefühle und Überlegungen für Sie mit einer Herausforderung verbunden sind, ist Ihr persönlicher Hochstapler-Teufelskreis nun greifbar geworden. Wie erging es Marla? Sie hat noch mehr Angst vor der nächsten Präsentation entwickelt und fühlt sich beim Gedanken an die nötige Vorbereitung überfordert. Ihr Teufelskreis ist geschlossen, und ihr Verhalten verstärkt sich mit jeder Runde ein bisschen mehr.

Sie haben es geschafft und dürfen Ihr Werk noch einmal begutachten. Dabei werden Sie Folgendes bemerken: Jeder einzelne Schritt löst automatisch den nächsten aus. Dazwischen gibt es noch mehrere Querverbindungen, die den Druck im Impostor-Kreislauf immer weiter erhöhen. Eigentlich kein Wunder, dass es Ihnen bisher noch nicht gelungen ist, von allein dort wieder herauszufinden.

Doch lassen Sie sich davon nicht entmutigen. Denn es gibt über Teufelskreise auch etwas Positives zu berichten. Zwar führt jeder Schritt zum nächsten, aber gleichzeitig können Sie an jeder einzelnen Stufe ansetzen: Indem Sie Ihre Gedanken, Ihre Gefühle oder Ihr Verhalten verändern, also bewusst anders reagieren als sonst, können Sie den Kreislauf unterbrechen.

Wenn es Ihnen gelingt, Ihre Wahrnehmung mehr auf positive Aspekte und Stärken zu richten, werden Sie positiver von sich denken. Je positiver Ihre Meinung von sich ist, desto zuversichtlicher fühlen Sie sich vor einer Herausforderung. Mit wachsender Zuversicht wiederum fällt es Ihnen nicht nur leichter, sich angemessen auf eine Aufgabe vorzubereiten, Sie können auch Komplimente besser annehmen. Und je mehr Sie den Rückmeldungen Ihrer Umgebung Glauben schenken, desto eher sind Sie selbst davon überzeugt, dass Ihre Kompetenz größer ist als gedacht.

Im nächsten Teil erkläre ich Ihnen zu jedem Schritt, welche Möglichkeiten Sie haben, um Ihr Verhalten zu verändern. So können Sie den fatalen Kreislauf beenden. Doch zunächst erstellen Sie Ihren eigenen Teufelskreis und versuchen Sie, daraus schon erste Erkenntnisse und Lösungen abzuleiten.

SELBSTREFLEXION:

Was lerne ich aus meinem Teufelskreis?

- Wirkt der Teufelskreis für mich stimmig?
- Welche Erkenntnisse kann ich daraus für mich mitnehmen?
- Wenn ich die einzelnen Punkte betrachte, an welchem Schritt könnte ich am ehesten ansetzen?
- Was könnten mögliche Strategien sein, um aus dem Teufelskreis auszubrechen?

TEIL II

DER WEG AUS DEM IRRGARTEN

Sind Sie bereit, sich mit mir auf den Weg zu machen und gemeinsam Schritt für Schritt den inneren Zerrspiegel hinter sich zu lassen?

Wie Sie bereits im ersten Teil des Buchs erfahren konnten, gibt es viele verschiedene Ansatzpunkte, an denen Sie beginnen können. Meist reicht es jedoch nicht, nur einen einzelnen Aspekt zu verändern. Zwar kann auch eine kleine Änderung sehr große Auswirkungen haben, aber solange Sie die Grundüberzeugung, nicht gut genug zu sein, in sich tragen, werden Sie sich vermutlich doch wieder über kurz oder lang im Spiegel-Labyrinth verlaufen.

Sie können sich sicher noch daran erinnern, wie der innere Zerrspiegel aufgebaut ist: Jede einzelne Schicht wirkt sich auf die nächste aus, und erst das Zusammenspiel aller Schichten führt zum Vollbild des Hochstapler-Phänomens. Wenn Sie Ihre Selbstzweifel und Versagensängste also hinter sich lassen wollen, müssen Sie Schicht für Schicht abtragen. Daher sollten Sie an allen Punkten etwas verändern: an Ihrer Wahrnehmung, Ihren Gedanken, Ihren Gefühlen, Ihrem Verhalten und vor allem an Ihren Glaubenssätzen, die Sie seit Ihrer Kindheit mit sich herumschleppen. Mit jedem Schritt wird das Bild, das Sie von sich besitzen, ein bisschen weniger verzerrt sein. Und nach und nach beginnt Ihre Überzeugung von der eigenen Unfähigkeit zu bröckeln.

Doch bevor Sie sich jetzt mit Feuereifer auf die nächsten Kapitel stürzen, möchte ich Sie noch etwas bremsen und dadurch vor einer Enttäuschung bewahren: Der Erfolg kommt nicht über Nacht. Wenn Sie Ihren inneren Zerrspiegel loswerden wollen, brauchen Sie Geduld und Ausdauer. Es ist ein bisschen so, als würden Sie einen Samen pflanzen. Sie wissen nach der Aussaat nicht, ob er überhaupt aufgehen und wachsen wird. Die

Erde darum herum sieht zunächst unverändert aus. Ohne die Garantie, dass Ihre Mühe überhaupt belohnt wird, müssen Sie dennoch regelmäßig gießen und düngen. Oft dauert es mehrere Wochen, bis Sie dann erstmals die kleine Spitze des Keimlings sehen, der sich durch die Erde geschoben hat. Dann aber können Sie jeden Tag sein Wachstum beobachten und die Fortschritte erkennen.

Mit einer Verhaltensänderung ist es ganz genauso. Die Erkenntnis ist da, der Samen gesät. Sie wissen aber noch nicht, ob die Saat aufgehen und etwas bewirken wird. Trotz dieser Ungewissheit müssen Sie täglich Ihren kleinen Veränderungssamen pflegen. Das ist mühsam und erfordert eine Menge Vertrauen. Viele Menschen resignieren zu schnell. Weil sie noch keinen Fortschritt bemerkt haben, sind sie sich sicher, dass auch dieser Versuch erfolglos geblieben ist, und beginnen, wieder nach ihrem alten Muster zu leben. Hätten sie jedoch noch einige Tage länger durchgehalten, hätten sie sehen können, wie der kleine Veränderungskeimling durch die Oberfläche bricht und die ersten Auswirkungen sichtbar werden.

Was ich Ihnen damit sagen möchte: Geben Sie nicht zu früh auf! Neue Verhaltensweisen brauchen Wochen – manchmal sogar Monate –, bis Sie erste Veränderungen in Ihrem Leben und in Ihrem Denken spüren werden. Wenn es erst einmal so weit ist, fällt es Ihnen leichter durchzuhalten. Haben Sie also Geduld und Vertrauen und geben Sie Ihrem Sämling die Zeit, die er braucht.

Und jetzt legen wir los und beginnen damit, die erste Spiegelschicht aufzulösen und Ihre Wahrnehmung zu verändern.

KAPITEL 5

DIE WAHRNEHMUNG SCHÄRFEN

Marla betrachtet lange die glitzernde Oberfläche des Flusses. Sie lässt ihre Füße im Wasser baumeln und sieht zu, wie kleine Wellen entstehen, die das Sonnenlicht reflektieren. Währenddessen rattert es in ihrem Kopf. Soll sie ganz ehrlich auf die Frage nach ihrem Befinden antworten oder die ganze Sache wieder einmal herunterspielen? Sie scheut sich davor, ihrer Freundin reinen Wein einzuschenken, schließlich arbeitet diese in derselben Firma und könnte nun ein schlechtes Bild von ihr bekommen. Auf der anderen Seite hat ihr der Psychologe geraten, ihre Unsicherheit nicht mehr zu verheimlichen und sich mit jemandem darüber auszutauschen. Sie gibt sich einen Ruck.

»Ich bin mir nicht sicher, ob ich mich gerade wirklich wohlfühle auf der Arbeit«, beginnt sie. »Ich stresse mich total wegen des großen Auftrags und habe Sorge, dass ich da komplett versagen werde.« – »Meinst du das jetzt ernst?« Mit großen Augen starrt ihre Freundin sie an, und Marla bereut es schon wieder, überhaupt etwas gesagt zu haben. »Du? Aber du bist doch so souverän! Manchmal beneide ich dich, wie gut du das alles managst und wie gelassen du zum Beispiel mit den Einwänden von Robert umgegangen bist.« – Nun ist Marla an der Reihe, erstaunt zu schauen. »Du fandest mich da souverän? Ich hatte das Gefühl, dass ich nur Mist geantwortet und gestammelt habe. Roberts Argumente waren so viel schlüssiger.« – Ihre Freundin lacht. »Ich glaube, du hast da wirklich Tomaten auf den Augen. Ist dir denn nicht aufgefallen, wie andere in der Runde vor sich hin gegrinst haben, weil dieser eingebildete Schnösel endlich mal seinen Schwanz einziehen musste? Hast du nicht gemerkt, wie er richtig rot geworden ist und danach ganz still war? Du warst großartig, Marla!«

Marla spürt, wie ihr Gesicht heiß wird, und ihr Herz hüpft. Vor Aufregung, weil sie sich nun endlich geoutet hat, und vor Freude über die Meinung ihrer Freundin. Doch sie ist auch verunsichert. Kann es wirklich sein, dass sie in diesem Wortgefecht souveräner gewirkt hat als ihr Kollege? Warum aber hat sie selbst das nicht gemerkt? Vielleicht hat ihre Freundin ja recht und sie hat, was die eigene Leistung angeht, tatsächlich Tomaten auf den Augen.

Wenn Sie bei sich selbst immer nur Schwächen und Fehler registrieren, bei anderen aber vor allem die guten Leistungen sehen, werden Sie unweigerlich zu dem Schluss kommen, dass Sie im Vergleich zu allen anderen schlecht abschneiden. Im zweiten Kapitel haben Sie ja schon erfahren, dass unsere Wahrnehmung verfälscht ist und wir ganz automatisch eine Auswahl treffen, welche Informationen wir verarbeiten und welche wir eher übersehen. Dieser Auswahlprozess geschieht zunächst einmal unbewusst, doch wir können lernen, ihn bewusst zu steuern. Mit etwas Übung sind auch Sie in der Lage, Ihre Erfolge und Stärken zu erkennen und die Leistungen der anderen realistischer zu beurteilen.

NICHT DARAUF ZU ACHTEN FUNKTIONIERT NICHT

In der psychosomatischen Klinik, in der ich lange gearbeitet habe, war in einem der Gruppenräume ein leiser Summton zu vernehmen, den man trotz aller Bemühungen nicht abstellen konnte. Diesen Umstand nutzte ich gern, um meinen Patienten deutlich zu machen, wie wir unsere Wahrnehmung steuern können. Ich stellte ihnen folgende Aufgabe: »*Versuchen Sie nun in den nächsten drei Minuten, das summende Geräusch, das zu hören ist, aus Ihrem Kopf auszublenden.*« Es wurde still im Raum, ich sah in konzentrierte Gesichter. Viele hatten die Augen geschlossen und runzelten die Stirn. Als die Zeit abgelaufen war, bat ich um Rückmeldung, wie es ihnen mit der Aufgabe ergangen war. Frustriert berichteten die meisten Gruppenmitglieder, dass es ihnen nicht gelungen war, den Ton auszublenden. Vielmehr hatten sie ihn nun noch stärker wahrgenommen. Das ist ein ganz natürliches Phänomen, und ich erklärte der Gruppe, warum ihre Bemühungen überwiegend erfolglos geblieben waren: Wenn wir versuchen, etwas nicht mehr zu sehen oder zu hören, lenken wir unsere Aufmerksamkeit erst recht darauf. Als ich meine Erklärung beendet und Fragen beantwortet hatte, fragte ich am Ende: »*Wie sieht es jetzt mit dem Hintergrundgeräusch aus?*« Verwundert bemerkten meine Patienten, dass sie den Ton nun gar nicht mehr registriert hatten, da sie gedanklich noch mit meinen Erklärungen beschäftigt gewesen waren.

Merke: Wenn wir unsere Fehler und Schwächen nicht mehr in Großaufnahme vor uns sehen wollen, bringt es nichts, uns vorzunehmen, sie nicht weiter zu beachten. Dadurch rücken sie noch mehr in den Mittelpunkt unserer Aufmerksamkeit.

Über viele Jahre haben Sie Ihre Wahrnehmung dafür geschärft, Unsicherheiten bei sich selbst zu suchen. Wie ein hochfunktionales Präzisionsgerät schlägt Ihr Fehlerdetektor sofort an, wenn Sie auch nur leicht zittern, sich unklar ausdrücken oder Ihnen ein anderer – meist unbedeutender – Lapsus unterläuft. Diesen Detektor können Sie nicht einfach ausschalten. Wenn Sie sich vornehmen, sich nicht mehr auf Ihre Schwächen zu fokussieren, werden sie Ihnen erst recht auffallen. So wie das auch bei meinen Patienten der Fall war, als sie versucht hatten, den Summton auszublenden. Aber Sie können Ihre innere Suchmaschine umprogrammieren und ab heute vermehrt Ihre Stärken in den Vordergrund rücken. Die Fehler und Schwächen sind dadurch nicht automatisch verschwunden, doch sie verlieren an Bedeutung.

Oliver gehört zu denjenigen, die unerbittlich mit sich sind und jede Schwäche sofort registrieren. Da er diese Wahrnehmung seit seiner Kindheit trainiert hat, kann er sie nicht einfach abstellen. Es wird ihm sofort schmerzhaft auffallen, wenn er einmal eine Antwort schuldig bleiben muss oder überzogen reagiert. Wenn er aber nun beginnt, all die Momente aufzuschreiben, in denen er Kollegen weiterhelfen konnte, ebenso wie all die Lösungen, die er seinem Team anzubieten hatte, oder die Herausforderungen, die er gemeistert hat, und diese dann seinen Unzulänglichkeiten gegenüberstellt, wird ihm bewusst werden, dass er viel mehr geleistet als vermasselt hat. Und Sie sollen dies nun auch lernen.

ÜBUNG 1: EINE WOCHE VOLLER STÄRKEN

Es ist gar nicht so einfach, die eigenen Stärken zu würdigen. Viele von uns sind mit Sprüchen wie »*Hochmut kommt vor dem Fall*« oder »*Eigenlob stinkt*« aufgewachsen. Wir haben verinnerlicht, dass Bescheidenheit ein hohes Gut ist und man auf seine Leistung nicht stolz sein darf – zumindest nicht öffentlich. Keiner will als Angeber bezeichnet werden. Und so haben wir uns über mehrere Jahrzehnte hauptsächlich auf unsere Schwächen konzentriert und uns den Blick für unsere Leistungen völlig abtrainiert.

Sie müssen also erst einmal wieder lernen, Ihre Leistungen zu erkennen und stolz darauf zu sein. So wie Sie das Klavierspielen nur durch regelmäßiges Üben beherrschen, so braucht auch Ihre Wahrnehmungsveränderung Zeit und Regelmäßigkeit.

Schreiben Sie sich daher eine Woche lang jeden Abend die Dinge auf, die Ihnen an diesem Tag gut gelungen sind. Dazu auch alle Leistungen, die Sie erbracht haben, obwohl sie Ihnen schwergefallen sind. Überlegen Sie sich außerdem, worauf Sie sonst noch stolz sein können. Am besten verwenden Sie dafür das Arbeitsblatt auf der nächsten Doppelseite, in das Sie Ihre Erfolge und Stärken eintragen können. Alle Arbeitsblätter in diesem Buch stelle ich aber auch auf meiner Website zur Verfügung. Dort können Sie sie herunterladen und ausdrucken, sodass Sie alle Übungen auch mehrfach durchführen können. Die Materialien finden Sie unter www.coaching-azur.de/downloads.

Geben Sie nicht auf, wenn Ihnen erst einmal nicht viel einfällt. Vielleicht ist das Einzige, das sie am Abend als positiv bewerten können, dass Sie diesen Tag irgendwie überlebt haben. Dann schreiben Sie das auf! Auch wenn Ihnen bestimmte Erfolge zu banal erscheinen, um sie lobend zu erwähnen, bringen Sie sie dennoch zu Papier. Irgendwo müssen Sie starten und es ist verständlich, dass Sie keine Übung darin haben, Ihre positiven Seiten zu registrieren. Daher werden Sie vielleicht zunächst nur unbedeutende Ereignisse erinnern, fast als würden Sie sich selbst bestätigen wollen, dass Sie einfach nichts Besonderes geleistet haben. Mit der Zeit werden Sie aber eine Veränderung bemerken. Je länger Sie diese Übung machen und je gewissenhafter Sie nach Stärken suchen, desto mehr werden Ihnen einfallen und vor allem auch auffallen.

Merke: Wir können unsere Wahrnehmung schärfen: Je mehr wir auf unsere Stärken fokussieren, desto leichter werden wir sie bemerken, selbst wenn wir einmal nicht darauf achten. Doch wir müssen regelmäßig üben.

Arbeitsblatt 1: Eine Woche voller Stärken

Diese Übung soll Ihnen dabei helfen, Ihre Wahrnehmung für Ihre positiven Seiten zu verbessern. Schreiben Sie jeden Tag mindestens 3 Punkte auf, auf die Sie stolz sein können.

Montag

Dienstag

Mittwoch

Donnerstag

Freitag

Samstag

Sonntag

Mit zunehmendem Training verschiebt sich Ihre Wahrnehmung. Bereits während des Tages werden Ihnen Situationen auffallen, die Sie später notieren können. Einfach deswegen, weil Sie nach und nach Ihre innere Suchmaschine auf solche Ereignisse programmieren. Vor einigen Wochen waren kleine Erfolge, positive Rückmeldungen oder eine gute Leistung etwas, das nicht der Rede wert war. Sie sind also gar nicht durch die erste Spiegelschicht hindurchgedrungen. Nun aber werden Sie immer mehr davon wahrnehmen, wenn Sie darauf achten und diese Ereignisse notieren. Probieren Sie es aus!

Noch ein Tipp: Wenn Ihnen zu Beginn der Übung trotz aller Bemühungen keine Stärken oder Leistungen einfallen, fragen Sie ruhig auch andere Menschen nach deren Meinung. Einem anderen fallen die positiven Aspekte meist eher auf als Ihnen. So wie auch Marlas Freundin bestimmte Details wahrgenommen hat, die Marla selbst nicht bemerkt hat. Zumindest für die ersten Tage kann Ihnen dieser fremde Blick eine Hilfe sein. Mit der Zeit werden Sie vermutlich ganz von allein Ihre Stärken erkennen können.

Führen Sie diese Wahrnehmungsübung mindestens eine Woche lang durch. Besser noch, gewöhnen Sie sich das Sammeln Ihrer Stärken als ein Ritual an, das Sie von nun an jeden Abend durchführen. Wenn es erst einmal zur Routine geworden ist, werden Sie für diese Übung nur wenige Minuten benötigen. Die Effekte, die Sie dadurch erzielen, sind aber beachtlich: Sie werden sich realistischer einschätzen können – mit Ihren Stärken und Ihren Schwächen. Sie werden sich insgesamt mehr zutrauen, und es wird Ihnen leichter fallen, Ihre Hochstapler-Gedanken zu entkräften.

KEINE ANGST VOR SELBSTBETRUG UND ÜBERHEBLICHKEIT

Oft höre ich bei dieser Aufgabe den Einwand: »*Aber damit täusche ich doch nur mich selbst und überschätze mich dann.*« Das ist aber nicht so. Sie nehmen nur wahr, was tatsächlich da ist und Sie bisher einfach nicht beachtet haben. Sie machen sich also nichts vor. Vielmehr werden Sie mit der Übung erreichen, dass Ihr innerer Spiegel weniger verzerrt ist. Früher hat er nur Ihre Schwächen und Fehler an das Gehirn weitergegeben und Ihre Stärken ausgeblendet. Das ist der eigentliche Selbstbetrug! Durch Schulung Ihrer Wahrnehmung sorgen Sie nun dafür, dass ihr Selbstbild realistischer werden kann und nicht etwa wesentliche Aspekte für Ihre Einschätzung fehlen.

Dass Sie dennoch befürchten, überheblich zu werden, ist verständlich. Vielleicht haben Sie schon vom Dunning-Kruger-Effekt gehört. Falls Ihnen der Begriff nicht sofort etwas sagt: Er ist sozusagen das Gegenteil des Impostor-Phänomens. Beim Dunning-Kruger-Effekt unterschätzen die Betroffenen die Leistung und Fähigkeiten ihres Umfelds und überschätzen ihre eigenen Kompetenzen. Sie haben also auch eine Wahrnehmungsverzerrung, nur umgekehrt. Vermutlich kennen auch Sie einige Dunning-Kruger-Menschen. Sie sind häufig in der Politik und auf hohen Posten anzutreffen. Klappern gehört in diesem Bereich nun mal zum Handwerk. Je höher Sie in der Jobhierarchie aufsteigen, desto wahrscheinlicher werden Sie mit Menschen in Kontakt kommen, die vor Selbstvertrauen (und manchmal auch Selbstüberschätzung) nur so strotzen. Kein Wunder also, dass Sie sich manchmal wie ein Alien einschätzen und das Gefühl haben, vollkommen fehl am Platz zu sein.

Keine Sorge: Es ist sehr unwahrscheinlich, dass Ihr Wahrnehmungspendel jetzt gleich ins andere Extrem ausschlagen wird. Wenn Sie sich auf Ihre Stärken fokussieren, nehmen Sie Ihrem inneren Zerrspiegel zwar die Kraft, aber Sie erschaffen dadurch nicht direkt einen neuen. Die Angst vor dem Dunning-Kruger-Effekt wird Sie ganz automatisch davor schützen, dass Sie nicht in der Selbstüberschätzung landen. Nur weil Sie Ihre eigene Leistung etwas stärker wahrnehmen und notieren, sind Sie noch lange kein »eingebildeter Schnösel«, wie Marlas Freundin es so schön ausgedrückt hatte. Für jemanden, der sich ständig durch einen Verkleinerungsspiegel wahrgenommen hat, muss das eigene Spiegelbild riesig wirken, wenn er sich in einem richtigen Spiegel sieht. Aber es ist trotzdem seine normale Größe. Es ist keine erneute Selbsttäuschung, sondern das Ende einer Täuschung.

Merke: Ein realistischer Blick auf sich selbst ist noch lange keine Selbstüberschätzung. Auch wenn es sich zunächst so anfühlt.

Wenn wir damit beginnen, unsere Stärken zu sammeln, um die Unfähigkeitsüberzeugungen nach und nach aufzulösen, dürfen wir uns jedoch nicht allein auf die Gegenwart beschränken. Wir müssen auch die Vergangenheit berücksichtigen.

Beim Blick auf Ihr bisheriges Leben werden Sie vermutlich vor allem an falsche Entscheidungen, Misserfolge oder begrabene Träume denken. Das liegt nahe, denn Sie haben sich ja schon seit Ihrer Kindheit darauf trainiert, nur das Negative im Gedächtnis zu behalten. Doch auch hier trügt Ihre Wahrnehmung oder vielmehr Ihre Erinnerung. Sie haben schon viel in Ihrem Leben geleistet, selbst wenn Ihnen dies nicht immer bewusst war und ist.

In Kapitel 10 werden Sie lernen, Ihre Lebensgeschichte in einem anderen Licht zu sehen. Dies hilft Ihnen dabei, die Überzeugung, unfähig zu sein, endlich über Bord zu werfen. Eine kleine Übung dazu habe ich aber auch jetzt schon für Sie vorbereitet. Sie soll

Ihnen zu einem positiveren Blick auf Ihren Lebensweg verhelfen und Ihnen deutlich machen, welche Schwierigkeiten Sie schon erfolgreich gemeistert haben. Je klarer Sie Ihre bisherigen Erfolge sehen können, desto mehr kann diese Information auch in Ihre Gedanken durchsickern, um so nach und nach den Glaubenssatz »Ich bin nicht gut genug und irgendwann werde ich auffliegen« auszuhöhlen. Wappnen Sie sich nun also innerlich für eine echte Herausforderung.

ÜBUNG 2: MEINE HUNDERT ERFOLGE

Der Titel sagt schon alles, und vielleicht schlucken Sie bei dem Gedanken daran, was auf Sie zukommt. Ja, es geht darum, mindestens hundert Erfolge aufzuschreiben, die Sie bereits in Ihrem Leben gemeistert haben. Falls Sie nun beschämt denken, dass Sie vielleicht auf zwanzig, allerhöchstens vierzig Erfolge kommen werden, möchte ich Sie daran erinnern, welche Herausforderungen Sie schon als Kind gemeistert haben: Sie haben sprechen, laufen, Rad fahren, schwimmen, lesen, schreiben und rechnen gelernt. Und noch so viel mehr. Vergessen Sie diese Leistungen nicht, auch wenn Sie sehr lange zurückliegen. Eventuell haben Sie belastende Situationen (Mobbing in der Schule, familiäre Streitigkeiten, Scheidungen, Umzüge) durchstehen müssen. Sie haben vielleicht Preise gewonnen oder Auszeichnungen erhalten – selbst wenn es in Ihren Augen nur ein Trostpreis war. Ganz sicher haben Sie Prüfungen bestanden, Sie haben sich auf emotionale Herausforderungen eingelassen: Ihre erste Liebe, Ihr erster Liebeskummer, Ihre erste feste Beziehung. Dies alles sind Situationen, die sehr belastend sein können, weil Sie sich dort verletzbar zeigten. Um zu wachsen und erwachsen zu werden, haben Sie viele Schwierigkeiten überwunden. Ich bin mir sicher, wenn Sie all diese Erfahrungen berücksichtigen, werden Sie auf deutlich mehr Erfolge kommen als nur auf hundert.

Tragen Sie Ihre Errungenschaften in das nächste Arbeitsblatt ein. Lassen Sie sich für diese Aufgabe viel Zeit. Die Liste muss nicht an einem Tag fertig geschrieben sein. Sie können sie täglich ein Stückchen weiterwachsen lassen. Fragen Sie Ihre Familie nach wichtigen Lebensereignissen. Stöbern Sie in Ihrem Keller oder Dachboden auf der Suche nach alten Tagebüchern, Urkunden oder Zeugnissen. Blättern Sie Fotoalben aus Ihrer Kindheit und Jugend durch. Je mehr Sie sich mit Ihrer Vergangenheit beschäftigen, desto mehr Leistungen in Ihrem Leben werden Ihnen einfallen. Beenden Sie die Suche erst, wenn Sie bei hundert Erfolgen angelangt sind. Ich würde Ihnen sogar raten, niemals damit aufzuhören. Meine Erfolgsliste enthält mittlerweile deutlich mehr als hundert Punkte, und sie wird sicher noch länger werden.

Merke: Jeder Mensch muss in seinem Leben schwierige Situationen meistern, um innerlich zu wachsen und zu reifen. Oft sind uns diese Entwicklungsschritte aber gar nicht bewusst oder werden als selbstverständlich angesehen.

Je mehr Ihre Liste wächst, desto größere Veränderungen können Sie bei sich beobachten: Sie werden nicht unbeeindruckt bleiben, wenn Sie die Menge Ihrer schon gemeisterten Situationen so geballt vor sich sehen. Wissen, das nur in Ihrem Kopf existiert, wiegt längst nicht so viel, wie wenn Sie es schwarz auf weiß vor sich sehen. Ihr Glaubenssatz, nicht gut genug zu sein, wird mit zunehmendem Umfang Ihrer Erfolgssammlung nach und nach brüchig werden und kann dann in den nächsten Schritten verändert werden.

Arbeitsblatt 2: Meine hundert Erfolge

1. ………………………………………………

2. ………………………………………………

3. ………………………………………………

4. ………………………………………………

5. ………………………………………………

6. ………………………………………………

7. ………………………………………………

8. ………………………………………………

9. ………………………………………………

10. ………………………………………………

11. ………………………………………………

12. ………………………………………………

13. ………………………………………………

14. ………………………………………………

15. ………………………………………………

16. ………………………………………………

17. ....

18. ....

19. ....

20. ....

21. ....

22. ....

23. ....

24. ....

25. ....

26. ....

27. ....

28. ....

29. ....

30. ....

31. ....

32. ....

33. ....

34. ....

35. ....

36. ....

37. ....

38. ....

39. ....

40. ....

41. ....

42. ....

43. ....

44. ....

45. ....

46. ....

47. ....

48. ....

49. ....

50. ....

51. ....

52. ....

53. ....

54. ....

55. ....

56. ....

57. ....

58. ....

59. ....

60. ....

61. ....

62. ....

63. ....

64. ....

65. ....

66. ....

67. ....

68. ....

69. ....

70. ....

71. ....

72. ....

73. ....

74. ....

75. ....

76. ....

77. ....

78. ....

79. ....

80. ....

81. ....

82. ....

83. ....

84. ....

85. ....

86. ....

87. ....

88. ....

89. ....

90. ....

91. ....

92. ....

93. ....

94. ....

95. ....

96. ....

97. ....

98. ....

99. ....

100....

Noch etwas wird diese Übung in Ihnen bewirken: Sie können dadurch erkennen, dass Kompetenz nicht etwas Statisches ist, das man entweder hat oder nicht hat. Sondern Sie machen sich bewusst, dass Sie sich stetig weiterentwickeln und Ihre Fähigkeiten nach und nach ausbauen. Etwas, das Ihnen jetzt vielleicht noch unmöglich erscheint, kann in wenigen Jahren eine Selbstverständlichkeit sein. Als siebenjähriges Kind mussten Sie einzelne Wörter oft noch buchstabieren und haben es als Leistung erlebt, ein ganzes Buch gelesen zu haben. Heute erfassen Sie ein Wort bereits mit einem einzigen Blick, selbst wenn es einen Tippfehler enthält. Ein spannendes Buch können Sie in wenigen Stunden verschlingen. All dies war für Sie als Kind noch unvorstellbar. Mittlerweile ist es Realität. Auch heute noch entwickeln Sie sich ständig weiter. Die Herausforderungen, die Sie aktuell noch viel Kraft kosten, werden irgendwann zur Routine – bis Sie sie einmal ganz mühelos bewältigen können. Gehen Sie Ihre Liste der hundert Erfolge also mal Punkt für Punkt durch und würdigen Sie die Leistungen, die für Sie als Kind unerreichbar erschienen und die Sie jetzt spielend leicht beherrschen.

SAMMELN SIE GEGENBEWEISE

Wir alle suchen nach Bestätigung. Wenn wir erst einmal von einer bestimmten Meinung überzeugt sind, wird uns vor allem das ins Auge stechen und im Gedächtnis bleiben, was mit unserer Sichtweise übereinstimmt. Sollten Sie also annehmen, dass man Politikern nicht trauen kann, werden Sie in den Nachrichten viele Beispiele von Korruption oder Missmanagement finden. Die Politiker hingegen, die gewissenhaft und engagiert ihre Arbeit erledigen, werden Ihrer Aufmerksamkeit vermutlich entgehen. Unser

Gehirn funktioniert ein bisschen wie der Algorithmus bei Facebook: Es präsentiert uns das, was wir sehen und hören wollen. Die zigtausend anderen Fakten gehen dabei unter. Eine solche Selbstverstärkung ist zwar sehr angenehm, doch wenn es darum geht, unsere Glaubenssätze aufzulösen, steht uns dieser Mechanismus im Weg. Denn wie sollen wir lernen, dass wir gar nicht mal so schlecht sind, wenn wir doch immer wieder Beispiele für unsere Unfähigkeit vorgesetzt bekommen? Um unsere falsche Selbsteinschätzung loszuwerden, müssen wir aktiv nach Gegenbeweisen suchen – sie werden uns nicht einfach so auffallen. Mit den ersten beiden Übungen haben Sie damit schon begonnen und trainieren sich darin, Ihre eigenen Stärken besser wahrzunehmen. Noch überzeugender ist es, wenn Sie auch auf die Reaktionen der anderen achten.

Sie wissen bereits aus dem zweiten Kapitel, dass wir vor allem die Reize verarbeiten, die eine Bedrohung für uns sein könnten. Gerade dann, wenn wir Angst haben, aufzufliegen und als unfähig entlarvt zu werden, werden wir jede Missstimmung wahrnehmen und gegen uns verwenden, selbst wenn sie überhaupt nichts mit uns zu tun hat. Die anderen Reize, die keine Gefahr darstellen, übersehen wir dabei. So erging es auch Marla. Da sie Angst hatte, nicht souverän genug zu reagieren, bemerkte sie ihr Stammeln und das Zittern in der Stimme sofort. Die kleinlaute Reaktion des Kollegen und das zustimmende Lächeln der Zuhörer hingegen nahm sie gar nicht wahr. Ihre Freundin musste sie erst darauf hinweisen. Wenn Marla nun beginnt, gezielt auf ihr Umfeld zu achten und darin Bestätigung zu suchen, wird sie immer mehr registrieren, dass die anderen gut finden, was sie tut.

Als ich damals in der Psychosomatik zu arbeiten begann, war ich von meiner Leistung nicht gerade sehr überzeugt. Insgeheim bedauerte ich die armen Patienten, die mit mir vorliebnehmen mussten und nicht etwa von einem fähigeren Therapeuten behandelt wurden. Ohne dass mir dies bewusst war, sammelte ich viele Beweise für meine eigene Unfähigkeit: Wenn eine magersüchtige Patientin weiter abnahm, ging ich sofort davon aus, dass es an mir lag. Hatte ein depressiver Patient Suizidgedanken, so gab ich mir die Schuld dafür. Irgendwann bemerkte ich, was ich da tat, und begann, aktiv gegenzusteuern. Ich richtete mir eine »Bestärkungsschublade« in meinem Schreibtisch ein. Dort bewahrte ich die Karten und Briefe auf, die ich von meinen Patienten zum Abschied erhalten hatte. Auch kurze Notizen von Kollegen, die sich bei mir bedankten, landeten in der Schublade. Nach und nach wuchs dort eine stattliche Sammlung von Beweisen, dass ich doch gar nicht so schlecht sein konnte. Immer, wenn ich wieder einmal mit mir selbst haderte, nahm ich mir etwas Zeit und stöberte in der Schublade. So konnte ich nach und nach meinen Glaubenssatz, dass ich eine schlechte Therapeutin sei, verändern.

Auch Ihnen werden sicher schon viele Zeichen der Zustimmung entgangen sein, weil Sie nicht darauf geachtet haben. Setzen Sie hier gezielt an und rücken Sie die positiven Reaktionen Ihres Umfelds mehr in den Fokus.

ÜBUNG 3: ANSCHEINEND BIN ICH DOCH NICHT SO SCHLECHT, WIE ICH DACHTE

Achten Sie die nächsten Tage ganz bewusst auf Ihre Mitmenschen. Welche Hinweise finden Sie, die gegen Ihre Grundüberzeugung, nicht gut genug zu sein, sprechen? Richten Sie Ihr Augenmerk dabei vor allem auf nonverbale Signale, wie zum Beispiel ein Lächeln oder ein Kopfnicken. Sammeln Sie aber auch positive Rückmeldungen und notieren Sie sich, wenn andere Ihnen recht gegeben haben oder Ihnen eine wichtige Aufgabe anvertrauen. Dies zeigt,

Arbeitsblatt 3: Anscheinend bin ich doch nicht so schlecht, wie ich dachte

Die Übung soll Ihnen dabei helfen, Ihre Grundüberzeugungen zu hinterfragen. Schreiben Sie jeden Tag mindestens drei Punkte auf, die darauf hindeuten, dass andere mit Ihnen und Ihrer Leistung zufrieden sind.

Montag

Dienstag

Mittwoch

Donnerstag

Freitag

Samstag

Sonntag

dass sie von Ihnen überzeugt sind – und zwar nicht etwa deshalb, weil Sie ein so guter Hochstapler sind.

Finden Sie – wie bereits bei der ersten Übung – jeden Tag mindestens drei Indizien dafür, dass Sie gut sind, und tragen Sie diese in das dritte Arbeitsblatt ein. Auch bei dieser Übung werden Sie bemerken, wie die Wahrnehmung geschärft wird und Sie immer mehr dieser positiven Bestärkungen registrieren. Im nächsten Kapitel wird es darum gehen, die negative Selbstkritik zu hinterfragen. Je mehr Gegenbeweise Sie bis dahin gesammelt haben, desto leichter wird es Ihnen fallen, Ihre Grundüberzeugungen zu verändern.

Ziehen Sie zum Abschluss des Kapitels noch einmal Bilanz. Finden Sie heraus, welche Wirkung die Übungen auf Sie und Ihre Glaubenssätze haben, wo sich vielleicht noch innere Widerstände verstecken und was Sie tun können, um dauerhaft am Ball zu bleiben.

SELBSTREFLEXION:

Wie ändere ich meinen Fokus?

- Fühlt es sich für mich richtig an, meine Stärken und Erfolge zu sammeln?
- Welche Bedenken oder Glaubenssätze tauchen dabei auf?
- Wie ändert sich meine Wahrnehmung durch die Übungen? Welche Auswirkungen auf meine inneren Überzeugungen kann ich beobachten?
- Wie kann ich kontinuierlich meine Wahrnehmung schärfen und daraus eine Routine machen?

KAPITEL 6

KEINE MACHT DEM INNEREN KRITIKER

Wie ein Schuljunge, der nicht genug für eine Prüfung gelernt hat, rutscht Oliver auf seinem Stuhl hin und her und blickt zu Boden. Er scheint etwas auf dem Herzen zu haben. »Was gibt es?«, fragt ihn sein Therapeut. »Hatten Sie Schwierigkeiten mit der letzten Aufgabe?«

»Oh ja!« Dankbar für diesen Einstieg sprudelt es plötzlich aus Oliver heraus. »Ich habe mich wirklich bemüht, Stärken zu finden. Ehrlich! Und ich habe auch einige Sachen aufgeschrieben. Aber jedes Mal, wenn ich einen Punkt notieren wollte, hatte ich eine innere Stimme im Kopf, die mich gefragt hat, ob ich jetzt allen Ernstes diesen Pipifax aufschreiben will. Jeden meiner Erfolge habe ich mir selbst mies gemacht, indem ich mir gesagt habe, dass das doch nun wirklich jeder kann. Und immer, wenn ich etwas Positives gefunden hatte, sind mir gleichzeitig noch viel mehr negative Dinge an mir eingefallen. Ich glaube, ich bin da ganz besonders unbegabt.«

»Ich würde eher sagen«, schmunzelt der Therapeut, »dass Ihr innerer Kritiker ganz besonders begabt ist. Aber keine Sorge, das geht sehr vielen Menschen mit Impostor-Phänomen so. Ich bin daher nicht überrascht, dass Sie Schwierigkeiten mit der Aufgabe hatten. Und heute wollten wir uns ja sowieso genauer damit beschäftigen, wie Sie positiver von sich denken können.«

»Ich habe ja versucht, diese Gedanken wegzuwischen«, seufzt Oliver, »aber sie sind so überzeugend, dass ich dagegen nicht ankommen kann.« – »Wundert Sie das?«, fragt ihn der Therapeut. »Schließlich haben Sie viel mehr Übung im negativen Denken. Vermutlich praktizieren Sie das schon Jahrzehnte, oder?« – Oliver über-

legt. »Ja, ich kann mich erinnern, dass ich schon in der Grundschule Angst vor Prüfungen hatte und mich immer selbst fertiggemacht habe, wenn ich mal etwas nicht wusste.« – »Sehen Sie? Negativ denken können Sie. Doch positives Denken müssen Sie erst einmal lernen. Aber so fleißig und gewissenhaft, wie Sie bei der Sache sind, werden Sie das schaffen. Auch positives Denken ist vor allem eine Frage der Übung.«

Vielleicht erging es Ihnen im letzten Kapitel so wie Oliver, und Sie haben sich Ihre eigenen Erfolge und Stärken ständig schlechtgeredet. Das ist normal beim Impostor-Phänomen. Wenn es ausreichen würde, einfach nur auf die Stärken zu fokussieren, um aus dem Unfähigkeitsglauben auszusteigen, wären Sie sicher selbst schon auf diese Lösung gestoßen. Entscheidend ist nämlich nicht, was Sie wahrnehmen, sondern vor allem, wie Sie Ihre Beobachtungen interpretieren. Daher arbeiten wir jetzt ganz gezielt an der zweiten Spiegelschicht: Ihren Gedanken und Bewertungen.

DER INNERE KRITIKER UNTER DER LUPE

Solange Sie negativ von sich denken, können Sie Ihre Hochstapler-Gefühle nicht loswerden. Egal, welche Erfolge Sie haben, Sie werden sich immer wieder erzählen, dass diese entweder komplett unverdient oder zu banal waren. Ein bisschen ist es so, als hätten Sie ständig einen Begleiter, der alles herabsetzt, ganz egal, was Sie tun. Wenn Sie einen Fehler gemacht haben, schießt sofort der Gedanke »*Wie kann man nur so blöd sein?*« in Ihren Kopf. Und selbst wenn Sie Erfolg hatten, ist Ihr innerer Kritiker nicht zufrieden. »*Das wäre aber noch besser gegangen!*«, meckert er. Solange Sie den ganzen Tag solche abwertenden Sätze in Ihrem Kopf haben, werden Sie kein positives Selbstbild aufbauen, auch wenn Sie sich noch so sehr bemühen. Und nicht nur das: Sie werden auch viel ängstlicher durchs Leben gehen, weil Sie immer wieder erwarten, dass andere Ihnen auf die Schliche kommen werden.

Merke: Wir können nicht *nicht* denken.
Aber wir können unserem Denken eine andere Richtung geben.

Die negativen Selbstgespräche zu stoppen ist gar nicht so leicht. Denn wir können nicht einfach mit dem Denken aufhören. Alles, was uns widerfährt, kommentieren wir in unserem Kopf, ähnlich wie ein Reporter bei einem Fußballspiel. Wir nehmen es wahr und gelangen blitzschnell zu einer Schlussfolgerung. In unserem Fall lautet das Urteil meist, dass wir schlichtweg unfähig sind.

Diese Bewertungen laufen in der Regel ganz unbewusst ab. Wir sind schon so an das Hinterkopfgemurmel gewöhnt, dass wir gar nicht mehr darauf achten. Es wirkt sich dennoch sehr stark auf unserer Selbstbild aus. Wenn wir immer wieder denken, dass unsere Leistung nicht gut genug war, werden wir Komplimenten keinen Glauben schenken, Lob abwiegeln und Anerkennung nicht annehmen können. Was soll denn auch eine kurzfristige positive Meinung bewirken, wenn anschließend der innere Kritiker wieder all unsere Verfehlungen aufzählt und uns erklärt, dass der andere sich getäuscht hat – schlimmer noch: dass *wir* ihn getäuscht haben und daher Hochstapler sind?

Wir müssen also dieser ständigen Selbstkritik einen Riegel vorschieben. Zunächst einmal aber rate ich Ihnen, genau das Gegenteil zu tun: Schenken Sie Ihrem inneren Kritiker erst recht Gehör. Denn Sie sollten wissen, was da tagtäglich in Ihrem Kopf so abläuft.

ÜBUNG 4: MEINE AUTOMATISCHEN GEDANKEN – UND WAS SIE AUSLÖSEN

Für die folgende Übung wählen Sie am besten einen Tag, an dem Sie etwas mehr Zeit für sich haben. Stellen Sie einen Timer, der alle fünfzehn Minuten leise summt. Immer wenn Sie von dem Summen daran erinnert werden, achten Sie darauf, was Sie gerade denken.

Schreiben Sie diese Gedanken so wörtlich wie möglich in die erste Spalte des nebenstehenden Arbeitsblatts 4. Also statt *»Ich habe an die Arbeit gedacht«* schreiben Sie besser *»Mein Chef ist heute wirklich ganz mies drauf. Was mich da wohl erwarten wird?«*. Dadurch wird für Sie auch später bei der Auswertung noch ersichtlich, ob es negative oder positive Aspekte waren, die durch Ihren Kopf geschossen sind.

Sie werden feststellen, dass nicht alle Ihre Gedanken sich um Sie selbst drehen. Ganz häufig bewerten Sie zusätzlich Ihre Umgebung und die Geschehnisse, die Sie erleben. Auch hier gibt es Gedanken, die Ihnen eher schaden (zum Beispiel negative Annahmen über Ihre Mitmenschen und über die Schlechtigkeit der Welt), und Gedanken, die eher förderlich sind (zum Beispiel ein positiver Blick auf die Zukunft).

Notieren Sie alles, was Ihnen durch den Kopf geht, und überlegen Sie bei jedem Gedanken kurz, ob dieser eher nützlich oder schädlich für Sie ist. In die zweite Spalte schreiben Sie, wie Sie sich gerade fühlen, beispielsweise ängstlich, erfreut, wütend oder enttäuscht.

Unser Denken hat einen entscheidenden Einfluss darauf, wie wir uns fühlen. Wenn wir uns immer wieder vorsagen, wie schön die Welt doch ist, was uns morgen Erfreuliches erwartet und wie liebenswert wir doch sind, werden wir vorwiegend zufrieden mit

Arbeitsblatt 4: Meine automatischen Gedanken – und was sie auslösen

Gedanken	Gefühle

unserem Leben sein. Wenn wir uns dagegen erzählen, dass viele unangenehme Aufgaben warten oder dass wir einen Fehler in der letzten Abrechnung gemacht haben und dafür sicher einen Tadel vom Chef bekommen werden, werden wir ängstlich oder gestresst in den Tag starten.

Indem Sie Ihre Gefühle benennen und aufschreiben, werden Sie schnell Zusammenhänge zwischen Ihren Gedanken und Ihren Gefühlen erkennen und noch besser unterscheiden können, welche Gedanken Ihnen guttun und welche Sie eher herunterziehen. Sie werden zudem feststellen können, welche Situationen Sie besonders negativ bewerten und in welchen Sie eher neutral oder positiv mit sich umgehen. Denn oft sind es bestimmte Lebensbereiche, in denen wir an uns zweifeln, während wir in anderen selbstsicherer sind.

Am Ende des Tages werden Sie eine ziemlich lange Liste von Gedanken und Gefühlen vor sich haben. Schauen Sie nun, welche negativen Gedanken immer wieder (eventuell auch in Variationen) auftreten. Diese werden wir im nächsten Schritt näher beleuchten.

DIE NEGATIVEN GEDANKEN HABEN EINEN SINN

Haben Sie sich schon einmal gefragt, warum Sie mit sich selbst so gnadenlos sind? Ich schon, und ich stelle diese Frage auch regelmäßig meinen Klienten. Hier finden Sie eine Sammlung der häufigsten Antworten.

- Weil das schon immer so war.
- Weil man mir das schon als Kind so beigebracht hat.
- Weil man mir immer gesagt hat, dass ich mir bloß nichts darauf einbilden soll.

- Weil ich Angst habe, mich selbst zu überschätzen.
- Weil ich Enttäuschungen vermeiden möchte.
- Weil ich nicht bloßgestellt werden möchte. Wie peinlich wäre es, mich selbst zu positiv zu bewerten, und andere sehen das ganz anders?
- Weil ich keine Fehler machen möchte.
- Weil ich auf keinen Fall so werden möchte wie mein Vater / mein Kollege / Onkel Otto.
- Weil ich nicht großspurig oder arrogant sein will.

Ganz sicher haben auch Sie einen Grund, sich selbst gegenüber besonders streng zu sein. Meist wollen wir uns mit unserer Selbstkritik vor Anfeindungen und Enttäuschungen schützen. Wir haben Angst, uns zu blamieren oder überheblich zu werden. Oder wir befürchten, dass andere uns ausgrenzen oder angreifen könnten, wenn wir einen Fehler gemacht haben. Erst wenn wir wissen, warum wir uns selbst immer wieder schlechtreden (oder in diesem Falle eher schlechtdenken), können wir die Motive hinterfragen und uns selbst zu einem Umdenken bewegen.

Oliver konnte mithilfe seines Therapeuten herausarbeiten, dass er seine eigenen Stärken kleinredet, weil er befürchtet, sonst zu sorglos zu werden. Wenn er erst einmal denke, dass er gut genug sei, bestehe die Gefahr, dass er zu wenig leistet und den Ansprüchen seines Umfelds nicht mehr genügt. Seine größte Angst ist es, die Menschen um sich herum zu enttäuschen. Daher versucht er, deren Wünsche und Bedürfnisse bereits im Voraus zu erahnen, um so zu sein, wie es von ihm erwartet wird. Und da er tief in sich davon überzeugt ist, dass er noch besser werden muss, um die Erwartungen erfüllen zu können, sorgt er durch seine Selbstkritik dafür, dass er nie aufhört, weiter an sich zu arbeiten. Die zwei grundlegenden Überzeugungen *»Ich muss besser wer-*

den, um gut genug zu sein« und *»Ich darf keinen enttäuschen«* sind die Motoren, die seinen inneren Kritiker auf Hochtouren laufen lassen.

Auch Sie sollten sich bewusst darüber werden, welche Grundüberzeugungen Sie zur ständigen Selbstkritik veranlassen. Denn dann können Sie sie ganz gezielt hinterfragen.

ÜBUNG 5: DER GRUND FÜR MEINE NEGATIVEN GEDANKEN

Für die Übung benötigen Sie etwa dreißig Minuten Zeit. Nehmen Sie noch einmal das Arbeitsblatt 4 zur Hand und gehen Sie es Punkt für Punkt durch. Überlegen Sie bei jedem negativen Gedanken, was dieser bewirken soll. Was könnte passieren, wenn Sie in diesem Moment positiver von sich denken würden? Tragen Sie alle Gründe für Ihre Selbstkritik in das Arbeitsblatt 5 auf der nächsten Doppelseite ein.

Doch damit ist die Übung noch nicht beendet. Auf dem Papier stehen nun erst einmal die vordergründigen Erklärungen für Ihr Denkverhalten. Die eigentlichen Beweggründe können sich dahinter verbergen und ganz andere sein als die, die Sie gerade aufgeschrieben haben. Wenn Sie herausfinden wollen, was Sie wirklich dazu veranlasst, sich selbst zu kritisieren, so nehmen Sie sich einmal ein Beispiel an kleinen Kindern. Diese fragen immer und immer wieder nach dem Warum, so lange, bis den Eltern entweder die Antworten ausgehen oder sie ihre Neugierde befriedigen konnten.

Machen Sie es nun genauso: Hinterfragen Sie alle Motive, die Sie bislang auf Ihrem Blatt stehen haben. Wenn Sie beispielsweise aufgeschrieben haben, dass Sie nicht überheblich werden wollen, so überlegen Sie sich: *»Warum will ich auf keinen Fall überheblich werden? Was würde dann Schreckliches geschehen?«*. Auch die darauf gefundene Antwort stellen Sie auf den Prüfstand und fragen nach dem dahinterliegenden Grund.

Durch diese wiederkehrende Suche nach dem Warum kommen Sie Ihrer eigentlichen Motivation noch deutlicher auf die Spur. Sie fragen immer weiter in die Tiefe und setzen sich mit sich selbst und Ihren Grundannahmen intensiv auseinander. Schreiben und hinterfragen Sie so lange, bis Sie selbst spüren, dass Sie die richtige Antwort (oder auch die richtigen Antworten) gefunden haben. Wenn Sie zu einer für Sie befriedigenden Aussage gelangt sind, schreiben Sie diese in das dafür vorgesehene Feld. Trauen Sie sich auch, die Motive aufzuschreiben, die nicht gesellschaftskonform und vielleicht sogar sehr egoistisch sind. Je ehrlicher Sie mit sich sind, desto besser können Sie sich und den Grund für Ihre ständige Selbstkritik verstehen.

Sie werden vermutlich feststellen, dass Ihre eigentlichen Beweggründe mit Ihrer Rolle in der Gemeinschaft zu tun haben. Sehr häufig kritisieren wir uns selbst, weil wir Angst davor haben, ausgestoßen oder angegriffen zu werden. Es handelt sich hierbei also um soziale Ängste, die wir uns dann im nächsten Kapitel näher anschauen werden. Doch zunächst müssen wir die negativen Gedanken in den Griff bekommen.

Arbeitsblatt 5: Der Grund für meine negativen Gedanken

Das sind meine negativen Gedanken	Damit will ich erreichen, dass ...
	Warum will ich es erreichen? Welches Bedürfnis wird dadurch erfüllt, welche Gefahr vermieden?

Das sind meine eigentlichen Gründe, mich selbst niederzumachen

BEGINNEN SIE ZU ZWEIFELN

Es gibt eine Sache, die Impostor-Menschen ganz besonders gut können: zweifeln! Sie zweifeln an sich selbst, sie bezweifeln den Wahrheitsgehalt der Komplimente, die sie bekommen. Und manchmal zweifeln sie sogar an dem gesunden Menschenverstand derer, die ihnen gerade Anerkennung zollen. Aber an einem zweifeln sie nicht: an ihren Grundüberzeugungen.

Und doch wäre es durchaus angebracht, einmal ganz genau hinzuschauen, wie schnell wir unsere Schlüsse ziehen und worauf wir diese gründen. Nehmen wir das Beispiel von Marla. Sie hat gerade von ihrem Chef eine kurze Mail bekommen, dass er sie gern morgen um 14 Uhr sehen möchte. Sofort läuft ihr Gehirn auf Hochtouren. »*Was kann er nur von mir wollen?*« Marla ist sich sicher, dass diese »Vorladung« nichts Gutes bedeuten kann. Vielleicht hat er Fehler in ihrer letzten Arbeit entdeckt. Sie war in den letzten Tagen unkonzentriert, sicher möchte er sie darauf ansprechen. Und bei ihrer gestrigen Begegnung auf dem Flur hat er sie nicht gegrüßt. Was, wenn er herausgefunden hat, wie unfähig sie eigentlich ist? Was ist, wenn ihr befristeter Vertrag nicht verlängert wird? Marla ist den Rest des Arbeitstags sehr angespannt. Die Nacht über schläft sie schlecht und malt sich alle möglichen Katastrophenszenarien aus.

Doch was genau lässt Marla zu dieser Schlussfolgerung gelangen? An beobachtbaren Tatsachen finden wir lediglich, dass ihr Chef sie sprechen möchte und er sie am Vortag nicht gegrüßt hat. Dass sie in der letzten Zeit unkonzentriert war, ist vor allem ihre eigene Wahrnehmung und muss ihrem Umfeld gar nicht aufgefallen sein. Alles andere sind Interpretationen. Ihr Chef kann sehr viele Gründe für sein grußloses Vorbeigehen gehabt haben. Wahrscheinlich war er abgelenkt und in Gedanken gerade woanders.

Auch für das geplante Gespräch kann es sehr viele Anlässe geben. Vielleicht möchte der Chef eine Rückmeldung von ihr haben, vielleicht hat er einen neuen Auftrag an sie, den er mit ihr im Vorfeld besprechen möchte. Sicher fallen auch Ihnen noch mehrere Gründe ein, warum ein Vorgesetzter seine Mitarbeiterin sehen möchte. Marlas Befürchtung, dass ihre Stelle nun gefährdet sein könnte, ist völlig willkürlich und basiert allein auf der Grundüberzeugung, nicht gut genug zu sein.

Merke: Unseren Schlussfolgerungen liegen oft erstaunlich wenig Fakten zugrunde. Sie beruhen meist auf Annahmen und Glaubenssätzen.

Lesen Sie sich noch einmal das Arbeitsblatt 5 durch. Dort haben Sie aufgeschrieben, warum Sie sich selbst kritisieren. Sie wollen dadurch gewisse Gefahren vermeiden oder bestimmte Bedürfnisse befriedigen. Aber Sie haben sich nie gefragt, ob Ihre Rechnung überhaupt stimmt.

Oliver geht beispielsweise davon aus, dass er sich anstrengen muss, um sein Umfeld nicht zu enttäuschen. Doch was, wenn dieses gar nicht so viel von ihm erwartet, wie er annimmt? Oliver hat nie genau danach gefragt, was von ihm verlangt wird. Er hat seine Grundannahmen nie überprüft.

Und wie ist es bei Ihnen? Es gibt keine Garantie dafür, dass Sie besser durchs Leben kommen, wenn Sie bescheiden bleiben, Fehler vermeiden und sich zu immer neuen Bestleistungen anspornen. Die vermeintliche Gefahr, die Sie durch Selbstkritik abwenden wollen, existiert vielleicht überhaupt nicht, und all Ihre Bemühungen sind umsonst. Es ist also wichtig, dass Sie sich Ihre Grundannahmen einmal ganz genau anschauen.

Je länger Sie mit bestimmten Überzeugungen leben, desto weniger werden Sie sie hinterfragen. In unserem Gehirn gibt es sozusagen ein Gewohnheitsrecht: *»Das hab ich schon immer so gedacht, also muss es wohl stimmen.«* Aber diese Schlussfolgerung ist trügerisch. Sie können sich auch all die Jahre geirrt haben. Und bei dem Hochstapler-Phänomen ist das sogar sehr wahrscheinlich.

Merke: Wir sollten nicht alles glauben, was wir denken. Viele unserer Grundannahmen beruhen auf kindlichem Denken und sind falsch.

Die Sätze, mit denen wir uns immer wieder niedermachen, kommen nicht etwa aus uns selbst, sondern wir haben sie von anderen Menschen aufgeschnappt. Sie stammen meist aus der frühen Kindheit, und wir haben sie von Eltern, Verwandten, Spielkameraden oder weiteren wichtigen Bezugspersonen gehört. Indem wir uns immer mehr dieser »Lebensweisheiten« einverleibt haben, hat sich in uns der innere Kritiker entwickelt. Von nun an brauchen wir keine Erziehungspersonen mehr, um uns zu Leistung anzutreiben und auf die Einhaltung von Regeln zu pochen, das können wir jetzt ganz allein.

Wir müssen uns jedoch klar machen, dass nichts in Stein gemeißelt ist und wir den Kinderschuhen längst entwachsen sind. Kleine Kinder nehmen alles für wahr, was man ihnen sagt. Sie lernen erst viel später, Aussagen zu hinterfragen. Außerdem denken Kinder oft in Extremen. Für sie gibt es nur ein *»Jetzt oder nie«*, ein *»Alles oder nichts«*, ein *»Richtig oder falsch«*. Sie sind nicht in der Lage, Graustufen zu erkennen. Genau wie Ihr innerer Kritiker, der aus dieser Kinderzeit stammt. Wenn Sie im Selbstkritikmodus unterwegs sind, neigen Sie automatisch zu Verallgemeinerungen und falschen Schlussfolgerungen.

So wie Marla: Sie befürchtet sofort, dass ihr Chef nicht mit ihr zufrieden ist und sie im angekündigten Gespräch tadeln wird. Ihre Angst, zurechtgewiesen zu werden und das Wohlwollen zu verlieren, ist eine kindliche Angst und steht in keiner Relation zu ihren Leistungen. Aber das kann Marla in diesem Moment nicht mehr realisieren. Sie hat vollkommen vergessen, dass sie mittlerweile erwachsen und unabhängig ist.

Machen Sie sich also bewusst, dass die selbstkritischen Sätze in Ihrem Kopf nicht etwa von einer allwissenden Autorität stammen, sondern von dem kleinen Kind, das Sie einmal waren. Stellen Sie Ihre selbstabwertenden Gedanken auf den Prüfstand.

ÜBUNG 6: HAT MEIN INNERER KRITIKER RECHT?

Im Arbeitsblatt 5 haben Sie Ihre negativen Gedanken aufgeschrieben und auch die Befürchtungen, die zu Ihrer Selbstkritik geführt haben. Wie Sie nun wissen, können diese Überlegungen auf falschen Annahmen beruhen. Jetzt geht es darum herauszufinden, welche davon richtig sind und welche durch kindliche Befürchtungen geprägt und somit verzerrt sind.

Gehen Sie die von Ihnen aufgeschriebenen Sätze durch und überprüfen Sie sie. Welche Indizien sprechen dafür, dass Ihr Kritiker recht hat, welche dagegen? Stützen Sie sich dabei vor allem auf Tatsachen (z. B. das beobachtbare Verhalten der Umgebung) und verzichten Sie auf Interpretationen und Vermutungen. Fragen Sie sich auch, ob Sie zu derselben Schlussfolgerung kommen würden, wenn Ihre Grundüberzeugung (z. B. *»Du bist nicht gut genug«*) eine andere wäre.

Sehr hilfreich ist auch der Wechsel der Perspektive. Überlegen Sie daher, wie Sie die Situation beurteilen würden, wenn es dabei nicht um Sie, sondern um Ihre beste Freundin oder einen völlig

Fremden ginge. Zugegeben, dazu brauchen Sie viel Übung, aber es kann Ihnen so manche Aha-Erlebnisse bescheren. Und mit der Zeit wird es Ihnen immer besser gelingen, willkürliche Schlussfolgerungen als solche zu erkennen. Sie werden immer deutlicher merken, wann Sie in kindliches Denken abrutschen, und Sie werden nicht mehr unreflektiert und blauäugig auf Ihren inneren Kritiker hören.

So erging es auch Marla. Ihr typischer negativer Gedanke war: »*Wenn ich einen Fehler mache, dann ist meine Leistung nichts wert. Irgendwann wird mein Chef merken, dass ich nicht gut genug bin, und mir kündigen.*« Als sie sich damit beschäftigte, was für ihre Annahme sprechen könnte, fielen ihr gar nicht so viele stichhaltige Argumente ein. Bei näherem Hinschauen bemerkte sie, dass es vor allem ihre Angst war, die Stelle zu verlieren und plötzlich ohne berufliche Perspektive dazustehen, die diese negativen Gedanken auslöste. Gegenargumente konnte sie jedoch gleich mehrere anführen, zum Beispiel, dass ihr Chef sie bereits öfter vor allen gelobt hatte, dass er ihr erst kürzlich eine verantwortungsvolle Aufgabe übertragen hatte und dass sie sich an keinen Fall innerhalb ihrer Firma erinnern konnte, bei dem einem Mitarbeiter aufgrund von ähnlich geringfügigen Fehlern gekündigt worden war. Als sie zudem die Perspektive wechselte, wurde ihr deutlich: Hätte ihre Freundin, die im selben Betrieb arbeitete, einen solchen Fehler begangen, wäre Marla niemals davon ausgegangen, dass dies eine Kündigung nach sich ziehen könnte. Mit dieser Überlegung konnte Marla sich noch einmal vor Augen führen, wie kritisch sie sich selbst beurteilte, und dass viele ihrer Befürchtungen nicht berechtigt waren.

Stellen Sie nun Ihren Blick auf sich mithilfe des Arbeitsblatts 6 auf den Prüfstand.

Arbeitsblatt 6: Hat mein innerer Kritiker recht?

Mein typischer negativer Gedanke:

....

Dafür spricht:	Dagegen spricht:
►	►
►	►
►	►
►	►
►	►

Welche dieser Annahmen basiert allein auf meinen Grundüberzeugungen?

....

....

....

Wie würde ein Außenstehender die Situation bewerten?

....

....

Wie würde ich die Situation einschätzen, wenn es sich um meine beste Freundin handeln würde?

....

....

HOLEN SIE SICH INNERLICH VERSTÄRKUNG

Am besten wäre es nun, wenn wir den inneren Kritiker einfach zum Schweigen bringen könnten. Aber so leicht werden wir ihn nicht los. Er ist schließlich ein wesentlicher und langjähriger Teil unserer Persönlichkeit. Doch wir können seine Aussagen neutralisieren. Den ersten Schritt dazu haben Sie schon unternommen, denn Sie beginnen, Ihre negativen Gedanken nicht mehr ungeprüft zu akzeptieren, sondern zu hinterfragen.

Als Nächstes werden Sie lernen, den negativen Botschaften eine wertfreie oder sogar positive Sichtweise entgegenzusetzen. Während ich dieses Buch schrieb, hörte auch ich immer wieder meinen Kritiker, der mir erzählte, dass mein Erstlingswerk viel besser war und dass ich meine Leser entweder langweilen oder überfordern, aber ganz sicher enttäuschen werde. Mutlosigkeit und Unlust waren oft die Folge. Die Überarbeitung meines Textes fiel mir dementsprechend schwer. Ich musste also einen Weg finden, die negativen Aussagen meines Miesmachers zu neutralisieren. Von nun an sagte ich mir jedes Mal, wenn ich zu schreiben begann: *»Mit jeder Überarbeitung mache ich das Buch ein Stück besser.«* Dieser Satz ermutigte mich, und indem ich darauf achtete, wo ich tatsächlich eine bessere Formulierung oder ein verständlicheres Beispiel gefunden hatte, konnte ich die Fortschritte auch wahrnehmen und meinen Kritiker entkräften. Dass Sie dieses Buch nun vor sich haben, beweist, dass meine Taktik funktioniert hat.

Merke: Wir können uns selbst nicht von Selbstkritik und Zweifeln abhalten. Aber wir können ihnen ermutigende Botschaften entgegensetzen.

Doch wie gelangen wir zu einer positiveren Sichtweise? Was Sie dazu brauchen, ist ein wohlwollender Blick auf sich selbst und Ihre Umgebung. Idealerweise gibt es in Ihrem Umfeld Menschen, die Ihnen wohlgesinnt sind. In diesem Fall können Sie sich fragen: »*Was würde mein Freund dazu sagen?*« oder: »*Wie würde meine Therapeutin reagieren?*« Sich immer wieder zu überlegen, was diese Person tun oder raten würde, kann dazu führen, dass ein sogenanntes inneres Abbild dieser Person entsteht. Psychologen nennen dies ein Introjekt, also eine Verinnerlichung. Im Grunde ist auch Ihr innerer Kritiker ein Introjekt. Wenn Sie genau hinhören, erkennen Sie in den Sätzen des inneren Kritikers vielleicht Ihren Vater oder einen Lehrer. Sie haben sich diese Personen quasi einverleibt und hören sie immer wieder in Ihrem Kopf sprechen. Es funktioniert also, und diesen Mechanismus können Sie für sich nutzen. Schaffen Sie sich also neue positive Introjekte, die Ihren inneren Kritiker beruhigen und im Zaum halten.

ÜBUNG 7: EIN LIEBEVOLLER BEGLEITER

Das Arbeitsblatt 7 auf den nächsten Doppelseiten hilft Ihnen dabei, ein gutes Vorbild für einen fürsorglichen Umgang mit sich selbst zu finden. Je klarer Sie eine bestimmte Person vor Augen haben und je konkreter Sie wissen, wie diese handeln würde, desto besser können Sie sich das Verhalten abschauen und für sich nutzen.

Wie würde Ihr Vorbild eine bestimmte Situation beurteilen und was würde es tun? Schreiben Sie typische Sätze und typische Reaktionen auf. Lassen Sie sich für die Aufgabe ruhig ein paar Tage Zeit und trainieren Sie sich darauf, einmal eine andere, positivere Sichtweise einzunehmen.

Arbeitsblatt 7: Ein liebevoller Begleiter

Wer war mir als Kind wohlgesinnt und ein positives Vorbild? Nennen Sie möglichst drei verschiedene Menschen. Zu jedem beantworten Sie nun folgende Fragen:

Person 1: ……………………………………………………………

Was waren typische Sätze und typische Verhaltensweisen dieser Person?

……………………………………………………………………………

……………………………………………………………………………

……………………………………………………………………………

……………………………………………………………………………

……………………………………………………………………………

Was würde er/sie zur aktuellen Situation/zu den aktuellen Vorwürfen meines Kritikers sagen?

……………………………………………………………………………

……………………………………………………………………………

……………………………………………………………………………

……………………………………………………………………………

Was würde er/sie tun, um mich zu unterstützen?

……………………………………………………………………………

……………………………………………………………………………

……………………………………………………………………………

……………………………………………………………………………

Person 2: ....

Was waren typische Sätze und typische Verhaltensweisen dieser Person?

....

....

....

....

....

Was würde er/sie zur aktuellen Situation/zu den aktuellen Vorwürfen meines Kritikers sagen?

....

....

....

....

....

Was würde er/sie tun, um mich zu unterstützen?

....

....

....

....

....

....

Person 3: ……………………………………………………………………………

Was waren typische Sätze und typische Verhaltensweisen dieser Person?

……………………………………………………………………………………

……………………………………………………………………………………

……………………………………………………………………………………

……………………………………………………………………………………

……………………………………………………………………………………

Was würde er/sie zur aktuellen Situation/zu den aktuellen Vorwürfen meines Kritikers sagen?

……………………………………………………………………………………

……………………………………………………………………………………

……………………………………………………………………………………

……………………………………………………………………………………

……………………………………………………………………………………

Was würde er /sie tun, um mich zu unterstützen?

……………………………………………………………………………………

……………………………………………………………………………………

……………………………………………………………………………………

……………………………………………………………………………………

……………………………………………………………………………………

……………………………………………………………………………………

Sagen Sie sich die typischen Sätze Ihrer positiven Bezugspersonen immer wieder vor. Ahmen Sie den fürsorglichen Umgang sich selbst gegenüber nach. Sie werden merken, dass Sie mit der Zeit nachsichtiger und wohlwollender mit sich umgehen. Aber nicht nur mit sich. Als Nebeneffekt werden Sie auch bemerken, dass Sie Ihre Umgebung anders wahrnehmen. Denn unbewusst gehen wir davon aus, dass alle anderen ähnlich wie wir denken. Wenn Sie selbst sich für jeden Fehler massiv kritisieren, so erwarten Sie automatisch ein ähnliches Verhalten auch von anderen. Wenn Sie nun aber gelassener mit sich selbst sind, werden Sie auch weniger Sorge vor den Reaktionen Ihrer Mitmenschen haben und können diesen ebenfalls wohlwollender gegenübertreten. Probieren Sie es aus.

Es reicht natürlich nicht aus, sich ein solches Szenario am Schreibtisch zu überlegen. Sie müssen es auch im Alltag anwenden. Also trainieren Sie die Perspektivwechsel auch im Job, in der Beziehung, bei Ihren Hobbys. Je länger Sie üben und Ihren liebevollen Begleiter stärken, desto mehr werden Sie Ihrem inneren Kritiker Einhalt gebieten können.

Doch was, wenn Sie in Ihrem Leben noch keine positiven Bezugserfahrungen gemacht haben? Dann gibt es noch eine weitere Möglichkeit, sich einen liebevollen Begleiter zu schaffen. Stellen Sie sich vor, was Sie selbst Ihrem besten Freund oder Ihrem Kind sagen würden, wären diese in der Lage, in der Sie selbst gerade sind. Vermutlich würden Sie nicht sagen: *»Selbst schuld!«* oder *»Kein Wunder, dass der Chef dich nicht mag«*, sondern Sie würden vielmehr beruhigen, andere Sichtweisen aufzeigen, positive Eigenschaften benennen und Lösungsmöglichkeiten vorschlagen. Die Ergänzung zum Arbeitsblatt 7 auf der nächsten Seite hilft Ihnen, auch ohne ein gutes Rollenvorbild einen positiven Umgang mit sich selbst zu finden.

Ergänzung zum Arbeitsblatt 7

Aktueller Vorwurf

Was würde ich meiner Freundin sagen?

Wie würde ich mit meinem Kind umgehen, wenn dieses von dem Vorwurf betroffen wäre?

Sie haben in diesem Kapitel gelernt, wie sehr unsere Gedanken unser Leben lenken und dass unsere Interpretationen oft auf tönernen Füßen stehen. Umso wichtiger ist es, Ihre negativen Gedanken zu kontrollieren. Üben Sie sich daher immer wieder darin, eine selbstfürsorglichere Sichtweise zu erlangen.

Bevor wir uns im nächsten Kapitel den Gefühlen zuwenden, setzen Sie sich noch einmal mit sich selbst und Ihrer Denkweise auseinander.

SELBSTREFLEXION:

Wie gebiete ich meinem inneren Kritiker Einhalt?

- An wen erinnern mich die Sätze meines inneren Kritikers? Wo habe ich sie in der Kindheit oft gehört?
- Wie sehen meine automatischen Gedanken aus? In welchen Bereichen kritisiere ich mich ganz besonders?
- Was ist der Nutzen meiner Selbstkritik? Welche Gefahr möchte ich dabei abwenden / welches Ziel damit erreichen?
- Was könnten hilfreiche Sätze sein, die ich mir selbst vorsagen kann?
- Welche Person wähle ich als Modell für mehr Selbstfürsorge?
- Welche Möglichkeiten habe ich, mich auch im Alltag an meinen liebevollen Begleiter zu erinnern?

KAPITEL 7

HERR ÜBER DIE EIGENEN GEFÜHLE

Auf der Fahrt zur Arbeit ist Marla noch sehr zuversichtlich. Seit sie weiß, dass das nagende Gefühl, andere hinsichtlich der eigenen Kompetenz zu täuschen, einen Namen hat – Impostor-Phänomen – und dass sie nicht die Einzige ist, die sich damit herumschlägt, sieht sie erstmals einen Hoffnungsstreifen am Horizont. Jetzt endlich ist ihr klar, was mit ihr los ist. Die letzten Wochen hat sie alles über das Hochstapler-Phänomen verschlungen, was sie im Internet dazu finden konnte. Eine Website nach der anderen hatte sie aufgerufen, immer auf der Suche nach noch mehr Informationen. Und auch die Gespräche mit dem Betriebspsychologen haben sie ermutigt. Die heutige Präsentation wird sicher anders verlaufen als die bisherigen.

Doch die positive Stimmung, mit der sie in den Tag gestartet ist, lässt rapide nach, als sie die Nagelprobe bestehen muss. Schon während sie darauf wartet, an die Reihe zu kommen, steigt die Unruhe. Die Versagensängste sind wieder da. »Es sind nur Trugschlüsse«, sagt sie sich selbst immer wieder. »In Wirklichkeit bin ich besser, als ich glaube. Ich bin sogar richtig gut.« Doch warum fühlt sich das nicht so an?

Marla bemerkt, wie sie zu zittern beginnt, als sie ans Rednerpult tritt. Alle Augen sind nun auf sie gerichtet. Ihr Gesicht glüht, und schon beim ersten Satz verhaspelt sie sich. »Es hilft nichts!«, denkt sie verzweifelt. »Ich kann mir noch so oft vorsagen, dass ich meinen Gedanken und meinem Urteil nicht glauben darf. Aber ich komm da trotzdem nicht raus! Die Gefühle sind einfach zu stark. Ich brauche eine Strategie, um mich von meiner Angst nicht zu sehr beherrschen zu lassen. Hoffentlich hat der Psychologe einen Tipp für mich.«

Sie wissen nun, wie Sie Ihre negativen Grundüberzeugungen anzweifeln und positivere Gedanken entwickeln können. Doch das allein reicht nicht. Auch wenn Sie sich noch so oft vorsagen, dass eine Situation nicht gefährlich ist oder dass Sie sich nicht schämen müssen, Sie würden dennoch am liebsten davonlaufen oder im Erdboden versinken. Ihre Gefühle können Sie nicht einfach auf Knopfdruck abstellen. Aber es gibt Wege, sie abzuschwächen und zu beeinflussen. Doch erst einmal müssen Sie verstehen, welche Rolle die Gefühle spielen und wie sie entstehen.

WARUM UNSERE GEFÜHLE ÜBERLEBENSWICHTIG SIND

Ein Mensch mit Hochstapler-Gedanken wird vor allem von drei Gefühlen geprägt: Angst, Scham und Schuld. Jede dieser Empfindungen ist sehr unangenehm und doch sinnvoll.

Angst ist neben Liebe das Gefühl, das unser Verhalten am stärksten beeinflusst. Und das ist auch gut so. Wären wir ohne Furchtempfinden geboren worden, so wäre die Menschheit längst ausgestorben. Denn hätten unsere Vorfahren nicht instinktiv Reißaus vor dem Säbelzahntiger genommen, wären sie einfach gefressen worden. Da die Angst also ein Alarmsignal ist, das unser Überleben sichern soll, muss dieses Gefühl sehr stark sein und alle anderen Empfindungen wie Hunger oder Müdigkeit überlagern. Sonst würden wir beim Anblick eines sich ausbreitenden Feuers erst einmal zu Ende essen anstatt wegzulaufen. Aber auch wenn es in unserem heutigen Alltag zum Glück nur im Extremfall ums Überleben geht: Die Angst ist dennoch weiterhin da.

Menschen, die unter dem Impostor-Phänomen leiden, werden vor allem von Versagensängsten gequält. Sie haben Sorge, einen Fehler zu machen oder ausgegrenzt zu werden. Zusätzlich befürchten sie, als Hochstapler entlarvt und bloßgestellt zu werden. Diese Ängste, ebenso wie die Scham und die Schuldgefühle, zählen zu den sogenannten sozialen Ängsten, denn sie dienen eigentlich dazu, uns vor einem Ausschluss aus der Gesellschaft zu bewahren. Scham zeigt uns an, dass wir uns nicht angemessen und regelkonform benommen haben, und dieses unangenehme Gefühl bewirkt, dass wir uns beim nächsten Mal anders verhalten. Wenn uns einmal etwas äußerst peinlich war, werden wir eine ähnliche Erfahrung höchstwahrscheinlich nicht so schnell wiederholen wollen.

Auch Schuldgefühle führen dazu, dass wir ein Teil der Gemeinschaft bleiben. Sie zeigen uns, dass wir nicht recht gehandelt haben, und lösen in uns den Impuls aus, uns zu entschuldigen und den Fehler wiedergutzumachen. Schuld und Scham sorgen also dafür, dass wir akzeptiert und gemocht werden. Diese sozialen Regulatoren sollen uns davor schützen, isoliert oder angegriffen zu werden. Denn solange wir uns regelkonform verhalten, funktioniert das Zusammenleben. Würden wir uns nicht an die Normen halten, wäre es schnell vorbei mit dem Gruppenzusammenhalt.

Die sozialen Ängste, Schuld- und Schamgefühle sind ein Erbe unserer Vorfahren. In der heutigen Zeit können wir durchaus auch als Einzelgänger unser Leben verbringen, aber damals bedeutete ein Ausschluss aus dem Stamm praktisch ein Todesurteil. Allein waren die Menschen der Urzeit nicht überlebensfähig. Es war existenziell wichtig, ein respektiertes Mitglied in der Gruppe zu bleiben. Diese Urängste sind in uns immer noch stark verankert und machen uns auch heute noch das Leben schwer.

Merke: Ein Gedanke kann in uns ebenso starke Gefühle auslösen wie eine reale Situation.

WIE ENTSTEHEN DIESE GEFÜHLE?

Lassen Sie uns einen kurzen Abstecher in die Neurologie machen. Für die Entstehung von Gefühlen ist das limbische System verantwortlich, eine Region in unserem Gehirn, die nicht willentlich gesteuert werden kann. Es ist eng verknüpft mit dem Sehzentrum und der Hirnrinde, dem Ort, an dem die Gedanken und Bewertungen entstehen. Gefühle können somit durch die Reize unserer Umgebung (beispielsweise Bilder, Geräusche, Berührungen, Gerüche) ausgelöst werden, aber auch durch unsere Gedanken. Wenn Sie den Geruch Ihres Lieblingsessens in der Nase haben, stellen sich schnell Appetit und Vorfreude ein. Es reicht jedoch auch schon aus, an das bevorstehende Essen zu denken, um die gleichen Gefühle zu haben. In beiden Fällen wird das limbische System aktiviert, das die Freude aufs Essen hervorruft.

Unsere Gefühle können auf zweierlei Arten entstehen. Es gibt sozusagen die Standardroute und die Schnellstraße. Beim normalen Ablauf gelangt ein Reiz zunächst zur Hirnrinde – der Schaltzentrale zur Informationsverarbeitung – und wird dort interpretiert. Anhand unserer Erfahrungen gelangen wir zu einer Einschätzung, ob das Wahrgenommene eher erfreulich oder eher gefährlich ist. Diese Information wird anschließend an das Gefühlszentrum weitergeleitet, das dann die entsprechende Emotion auslöst. Unsere Grundüberzeugungen haben daher einen ganz wesentlichen Einfluss darauf, wie wir einen Reiz bewerten und was wir in einer bestimmten Situation fühlen.

Doch nicht immer ist der Verstand vorgeschaltet. In einer unmittelbaren Gefahrensituation würde es zu lang dauern, wenn wir erst rational entscheiden müssten, ob sie tatsächlich bedrohlich ist. Die Sekunden, die wir zu einer Einschätzung brauchen, können über Leben und Tod entscheiden. Daher haben wir bestimmte Reize gespeichert, die sofort zum limbischen System weitergeleitet werden, damit wir keine Zeit verlieren. Diese unmittelbare Angstreaktion wird bei Menschen mit Spinnenphobie ganz besonders deutlich. Viele berichten, dass sie innerlich schon erschreckt zusammengezuckt sind, noch bevor sie die Spinne überhaupt bewusst wahrgenommen haben. Der Reiz wurde also direkt an das Gefühlszentrum geschickt, das sofort Angst ausgelöst hat. Erst mit etwas Verzögerung wurde dann die Erklärung von der Großhirnrinde nachgeliefert, dass es sich hier um eine Spinne handelt.

Merke: Gefühle entstehen nicht auf Kommando. Daher können wir nicht einfach beschließen, uns nicht zu fürchten.

Was bedeutet das nun für uns? Zunächst die Tatsache, dass wir unsere Gefühle nicht direkt beeinflussen können. Sage ich zum Beispiel: »*Heben Sie nun beide Arme*«, so können Sie diesen Befehl ausüben, wenn Sie das möchten. Sie können es aber auch bleiben lassen. Sage ich dagegen: »*Ärgern Sie sich jetzt*«, so wird Ihnen das viel schwerer fallen. Sie brauchen erst einmal einen entsprechenden Reiz oder einen Gedanken, der den Ärger auslöst. Und genauso schwierig ist es umgekehrt, sich *nicht* zu ärgern. Es reicht nicht, zu beschließen, sich zu freuen, zu ärgern, keine Angst mehr zu haben oder nicht mehr traurig zu sein. So funktioniert unser Gehirn nun einmal nicht.

Und noch etwas Wichtiges lernen wir aus der Funktionsweise des Gehirns: Unsere Gefühle können ganz unmittelbar auftreten, wenn wir schnell reagieren müssen. Innerhalb von Sekundenbruchteilen wird der Körper von Hormonen und elektrischen Impulsen geflutet. Und zwar noch bevor wir einen klaren Gedanken fassen konnten. Das ist mitunter auch der Grund, warum wir unseren Gefühlen oft mehr vertrauen als unserem Verstand. Wie sollen wir einem beruhigenden Gedanken Glauben schenken, wenn schon Angsthormone in unserem Körper kreiseln?

Marla hat dies auch erlebt. Je näher ihr Part bei der Präsentation rückte, desto nervöser wurde sie. Als dann alle Augen auf sie gerichtet waren, löste dieser Reiz direkt eine Angstreaktion aus. Die beruhigenden Gedanken, die sie sich innerlich vorgesagt hatte, waren zu diesem Zeitpunkt nicht mehr wirksam, da das limbische System bereits aktiviert war und Adrenalin durch ihren Körper schoss.

Merke: Angst ist angeboren. Aber *wovor* wir Angst haben, ist erlernt. Wir lernen durch Erziehung, durch eigene Erfahrungen und durch Beobachtung.

Dennoch sind wir unseren Gefühlen nicht hilflos ausgeliefert, sondern haben mehrere Einflussmöglichkeiten. Ein Reiz löst nicht automatisch bei allen Menschen die gleiche emotionale Reaktion aus. Nicht jeder zuckt beim Anblick einer Spinne zusammen. Und nicht jeder bricht in Angstschweiß aus, sobald er im Mittelpunkt steht. Die Neigung zu Angst, Scham oder Schuld ist genetisch einprogrammiert. Aber was genau uns die Knie zum Schlottern bringt, was uns Gewissensbisse macht oder vor Scham in den Boden sinken lässt, kann von einer sozialen Gruppe zur nächsten sehr unterschiedlich sein.

Vermutlich hat Ihre Mutter Ihnen als Kind eingetrichtert, nicht mit Fremden mitzugehen und im Straßenverkehr vorsichtig zu sein. Denn dieses Gefahrenbewusstsein ist nicht von Geburt an vorgegeben, sondern muss antrainiert werden. Durch die ständige Wiederholung verinnerlichen wir, dass eine bestimmte Situation eine Bedrohung darstellt. Erst dann werden wir darauf mit Angst reagieren. Die Werte und Einschätzungen Ihrer Ursprungsfamilie hatten also einen ganz entscheidenden Einfluss darauf, was Sie heute ängstigt und was nicht. Sind Sie bei Menschen aufgewachsen, denen die Meinung ihres Umfelds sehr wichtig war, werden Sie nach und nach Ihre Unbefangenheit ablegen und sich immer wieder fragen, was die anderen denken könnten. Diese Haltung haben Sie über viele Jahre verinnerlicht und gelernt, dass es katastrophal ist, zum Mittelpunkt von Tratsch und Klatsch zu werden.

Noch mehr aber lernen wir aus Konsequenzen. Wenn Sie einen schweren Autounfall hatten, werden Sie sich wahrscheinlich erst einmal unwohl fühlen, sobald Sie wieder am Straßenverkehr teilnehmen. Und wenn Sie als Kind von anderen Kindern ausgelacht wurden, weil Sie gestottert haben, werden Sie unsicher gewesen sein, sobald Sie sich erneut zu Wort gemeldet haben. Es sind also auch unsere Erfahrungen, die uns prägen. Die Erinnerung an die unangenehmen Folgen hat sich tief in uns eingebrannt und sorgt für eine Angstreaktion, sobald wir uns in einer ähnlichen Lage befinden. Psychologen nennen dies eine Konditionierung. Wir verknüpfen dabei einen Auslöser (einen Reiz oder eine Situation) mit dem Gefühl von Gefahr und empfinden sofort Furcht.

So effektiv ist unser Gehirn bei der Vermeidung von seelischem oder körperlichem Schmerz, dass wir eine unangenehme Erfahrung noch nicht einmal selbst erleiden müssen. Es reicht völlig aus mitzuerleben, wie ein anderer gestraft oder geschädigt wird, um auf die gleiche Situation mit Angst zu reagieren. Wir lernen sozusagen durch Vorbilder.

Menschen, die unter dem Impostor-Phänomen leiden, haben vielleicht einmal mitbekommen, wie andere Kinder über einen Mitschüler gelästert und sich über ihn lustig gemacht haben. Oder sie waren selbst einmal Mittelpunkt des Spotts. Solche Erfahrungen können ein Leben lang prägen. Die Betroffenen wollen von nun an um keinen Preis (noch einmal) verspottet werden und sich schlecht fühlen. Also versuchen sie, ein solches Erlebnis in Zukunft zu vermeiden. Damit sorgen sie jedoch, ohne es zu wissen, dafür, dass sie ihre Angst aufrechterhalten und sogar noch verstärken. Denn wenn es ihnen gelungen ist, die vermeintliche Gefahr zu umgehen, werden sie erst einmal erleichtert sein. Diese Erleichterung wiederum lässt sie glauben, dass die Situation wirklich unangenehm geworden wäre. So verstärkt sich der innere Druck, die Versagensangst wächst, und das Gefühl, unzureichend zu sein und dies verbergen zu müssen, wird immer überwältigender.

Merke: Wenn wir unliebsamen Herausforderungen ständig aus dem Weg gehen, können wir nicht die Erfahrung machen, dass die Konstellation eigentlich gar nicht so beängstigend war wie befürchtet. Mit jedem Vermeiden verstärkt sich die Angst und je stärker die Angst, desto mehr wollen wir sie vermeiden.

Wenn Sie die Angst vor einer Herausforderung verlieren wollen, müssen Sie sich dieser Situation stellen. Es führt kein Weg daran vorbei. Doch das ist nicht einfach. Daher zeige ich Ihnen zunächst eine Methode, mit der Sie Ihre Ängste zumindest reduzieren können, damit Sie überhaupt in der Lage sind, sich auf die Aufgabe einzulassen. Am Ende des Kapitels verrate ich Ihnen zudem meine wichtigsten Notfallstrategien im Umgang mit starken Gefühlen.

ALLES NUR IM KOPF

Machen Sie einmal ein Experiment: Schließen Sie die Augen und denken Sie an eine Situation, die Ihnen Angst macht. Nun achten Sie darauf, was in Ihrem Körper und in Ihrem Kopf abläuft. Zum einen werden Sie die Auswirkung der Stresshormone spüren, die jetzt ausgeschüttet werden. Ihnen wird heiß, Sie beginnen zu zittern, der Herzschlag beschleunigt sich, und Sie spüren ein Engegefühl im Hals. Gleichzeitig werden in Ihrem Kopf Bilder entstehen. Beobachten Sie einmal genau diese inneren Bilder und schreiben Sie sie auf.

Das, was Sie vor sich sehen, sind Erwartungen, was alles geschehen könnte. Viele stellen sich vor, wie sie mit hochrotem Kopf im Mittelpunkt stehen und alle Augen auf sie gerichtet sind. Oder sie sehen die Enttäuschung in den Gesichtern von Menschen, die ihnen wichtig sind. Andere berichten, dass sie vor Augen haben, wie sie beschuldigt werden oder wie alle sich abwenden.

Diese Schreckensvorstellungen sind die eigentlichen Angstauslöser. Nicht die Situation an sich ist beängstigend, sondern das, was die Fantasie daraus macht. Oft beruhen diese furchterregenden Bilder auf Erfahrungen, die Sie als Kind am eigenen Leib erlebt oder miterlebt haben. Sie haben sich so sehr eingeprägt, dass sie auch heute noch Macht über Sie haben.

Was Sie erlernt haben, können Sie aber auch wieder verlernen. Das funktioniert nicht nur bei der dritten binomischen Formel in der Mathematik, sondern zum Glück auch bei konditionierten Gefühlen. Sie können lernen, dass eine Situation nicht gefährlich sein muss. Und zwar mit Hilfe Ihrer Fantasie.

ÜBUNG 8: ANGST WILL VERLERNT SEIN

Im Anschluss an diese Übung gibt es kein Arbeitsblatt, denn dieses Mal werden Sie mit Ihrem Vorstellungsvermögen arbeiten. Nehmen Sie sich mindestens eine Stunde Zeit und suchen Sie sich einen ruhigen und gemütlichen Platz, an dem Sie nicht gestört werden.

Machen Sie es sich bequem und schließen Sie die Augen. Vor Ihrem inneren Auge lassen Sie nun eine Situation entstehen, die Ihnen Angst macht – zum Beispiel eine Prüfung oder ein Gespräch mit Ihrem Chef. Malen Sie sich diese Situation mit möglichst vielen Details aus. Stellen Sie sich vor, wie der Chef gekleidet ist, was auf dem Schreibtisch liegt und wie der Raum gestaltet ist. Dadurch wird Ihr Gefühlszentrum aktiviert. Sie werden merken, dass Sie jetzt schon körperlich und emotional auf diese Imagination reagieren, denn das Gehirn kann nicht gut zwischen Fantasie und Wirklichkeit unterscheiden. Bereits bei der Vorstellung der beängstigenden Situation schüttet es Stresshormone aus.

Diesen Mechanismus wollen wir nutzen, um die Angst noch weiter auf die Spitze zu treiben. Malen Sie sich in Gedanken aus, wie die Situation sich zunehmend verschlimmert und genau das eintritt, was Sie am meisten befürchten. Stellen Sie sich beispielsweise vor, wie Sie Ihre Souveränität verlieren und Ihnen ein grober Fehler unterläuft. Vermutlich werden Sie bemerken, wie die Anspannung im Körper nun deutlich ansteigt. Aber unterbrechen Sie die Imagination nicht.

Stattdessen beginnen Sie nun – auf dem Höhepunkt Ihrer Angst – das Bild zu verändern. Stellen Sie sich vor, wie Ihr Chef zwar irritiert, aber längst nicht so negativ reagiert wie erwartet. Wie er stattdessen darüber hinweggeht oder sogar erklärt, dass ihm früher ein ganz ähnlicher Lapsus passiert ist. Wichtig ist, dass die Reaktion, die Sie sich dabei ausmalen, zu der Persönlichkeit

Ihres Chefs passen muss. Sie muss zumindest im Bereich des Möglichen, am besten sogar im Bereich des Wahrscheinlichen liegen. Sonst wird die Übung nicht richtig wirken. Ersetzen Sie nun nach und nach die beängstigenden Bilder durch positivere Versionen. Sie werden bemerken, wie die Anspannung langsam nachlässt. Verharren Sie so lange bei diesen positiven Imaginationen und lassen Sie Ihre Fantasie so lange mit den inneren Bildern spielen, bis die Anspannung ganz zurückgegangen ist. Dann beenden Sie die Übung und öffnen Ihre Augen.

Was Sie gerade getan haben, war eine sogenannte In-vitro-Exposition: Sie haben sich in der Fantasie Ihren Ängsten gestellt und die Erfahrung gemacht, dass nichts Schlimmes geschehen ist. Ihr Gehirn lernt dadurch, dass ein bestimmter Reiz (zum Beispiel das Büro Ihres Chefs) nicht unbedingt mit einer Gefahr verbunden sein muss und dass sogar ein grober Fehler nicht gleich zu einer emotionalen Vernichtung führt. Aber wie eine neue Vokabel müssen Sie diese Lernerfahrung mehrmals wiederholen, damit sie sich einprägen kann. Denken Sie daran, dass Sie viele Jahre gelernt haben, sich vor einer bestimmten Situation zu fürchten. Sie brauchen schon etwas Übung und mehrere Wiederholungen, bis Sie die erworbene Angstreaktion wieder verlernt haben.

ÜBUNG 9: IM RAMPENLICHT

Viele Menschen, die unter dem Impostor-Phänomen leiden, fürchten sich insbesondere davor, Vorträge zu halten oder generell vor Gruppen zu sprechen. In diesem Moment ist das Gefühl, bewertet zu werden und die eigene Inkompetenz nicht mehr verstecken zu können, ganz besonders stark. Vermeiden wir aber solche Situationen, werden sich die Hochstapler-Überzeugungen immer weiter ausbreiten und uns das Leben schwer machen.

Auch ich wäre früher am liebsten schreiend davongelaufen, sobald ich eine Präsentation halten sollte. Deswegen habe ich eine Imaginationsübung entwickelt, die mir diese Angst nehmen konnte. Ich hoffe, auch Sie können davon profitieren. Ihr Vorstellungsvermögen ersetzt wieder das Arbeitsblatt.

Für diese Übung planen Sie dreißig Minuten Zeit ein und suchen sich einen Ort, an dem Sie nicht gestört werden. Da Imaginationsübungen am besten mit geschlossenen Augen funktionieren, finden Sie diese auch als Audiodatei auf meiner Website unter www.coaching-azur.de/downloads. Hören Sie sich die Aufnahme an und lassen Sie Ihre Vorstellungskraft für Sie arbeiten. Um Ihre Neugierde, wie die Übung funktioniert und was auf Sie zukommt, jetzt gleich zu befriedigen, habe ich sie Ihnen hier auch aufgeschrieben.

Lehnen Sie sich entspannt zurück und schließen Sie die Augen. Atmen Sie tief ein. Und wieder aus. Ein ... und aus ... Mit jedem Atemzug spüren Sie, wie die Gedanken in Ihrem Kopf leiser werden. Sie sind noch da, aber sie stören nicht. Nun stellen Sie sich vor, wie Sie auf einem Podium stehen. Ein Rednerpult mit Mikrofon befindet sich vor Ihnen. Sie blicken in die Menge und sehen unbewegte Gesichter, die Sie anstarren. Stellen Sie sich genau vor, wie Sie ganz allein da vorne stehen und Ihnen immer heißer wird. Sie haben sich gut auf diesen Vortrag vorbereitet, doch jetzt ist der Kopf leer. Die Zeilen auf Ihrem Spickzettel verschwimmen vor Ihren Augen. Ihre Kehle ist wie ausgedorrt. Zum Wasserglas wollen Sie jedoch nicht greifen, da sonst jeder bemerken würde, wie Ihre Hand zittert. Sie öffnen den Mund, wollen etwas sagen, aber die Worte bleiben Ihnen im Hals stecken. Immer mehr nehmen Sie nun Unruhe im Publikum wahr, neugierige und teils auch belustigte Blicke richten sich auf Sie. Der ein oder andere tuschelt mit seinem Sitznachbarn.

Durchleben Sie diese Situation mit all Ihren Sinnen. Spüren Sie, wie die kalte Angst und gleichzeitig die heiße Scham in Ihnen aufsteigen. Wie die Aufregung zunimmt. Wie Sie immer flacher atmen und Ihr Körper zu zittern und zu schwitzen beginnt.

Wo genau spüren Sie diese Angst am stärksten? Wie groß ist nun Ihre Anspannung? Jetzt stellen Sie sich vor, dass Sie sich räuspern. Alle Augen im Publikum sind auf Sie gerichtet. Noch etwas zaghaft beginnen Sie zu sprechen. Sie sagen: »Bitte lassen Sie sich von meiner Aufregung nicht irritieren. Es ist nur so, dass dieses Thema mir sehr wichtig ist und es mir eine große Ehre, aber gleichzeitig auch einen großen Stress bedeutet, hier zu sprechen. Seien Sie deshalb nicht überrascht, wenn ich einmal kurzzeitig ins Stocken gerate oder mich verhaspele. Und lassen Sie sich dadurch bitte nicht von dem ablenken, was ich sage.«

Noch während Sie sprechen, bemerken Sie, wie die Zuhörer sich entspannen. Viele lächeln verständnisvoll. Manche nicken Ihnen aufmunternd zu. Dann beginnen Sie mit Ihrer Rede. Sie verläuft nicht perfekt. Manchmal versprechen Sie sich. Manchmal verlieren Sie kurz den Faden. Doch Sie bemerken, dass das, was Sie zu sagen haben, die Menschen fesselt. Und dass Sie durch Ihre kurze Ansprache am Anfang die Sympathie und das Wohlwollen des Publikums gewonnen haben.

Am Ende des Vortrags schauen Sie zufrieden in die Menge. Die Menschen applaudieren. Dann erheben sie sich. Stühle werden gerückt. Viele sprechen miteinander, während die Menge zur Tür steuert. Sie selbst stehen noch auf dem Podium, schweißgebadet, aber auch erleichtert, dass der Vortrag nun vorbei ist.

Eine Frau kommt auf Sie zu und lächelt. Sie bedankt sich bei Ihnen für Ihre menschliche und offene Art. »Ich fand es so bewundernswert«, sagt sie, »wie Sie ganz am Anfang über Ihre Aufregung gesprochen haben. Das hat mir so imponiert.«

Ein warmes Gefühl steigt in Ihnen auf. Sie sind stolz. Auf sich und darauf, dass Sie es geschafft haben, Ihre Angst vor öffentlichen Vorträgen zu überwinden. Und dass Sie in Ihrer Art und mit Ihrem Lampenfieber wahrgenommen und wertgeschätzt wurden. Lassen Sie dieses Bild der lächelnden Frau und auch deren Worte noch ein bis zwei Sekunden auf sich wirken. Genießen Sie das warme Gefühl von Stolz noch eine Weile.

Ganz langsam lassen Sie nun das Bild in sich verblassen. Atmen Sie kräftig ein. Und wieder aus. Beugen und strecken Sie Arme und Beine. Nehmen Sie noch einen tiefen Atemzug, dann öffnen Sie die Augen und kehren wieder in die Gegenwart zurück.

Indem Sie die Situation und die damit verbundenen angstauslösenden Reize in Ihrer Vorstellung mehrmals durchleben, trainieren Sie sich darin, die Angstreaktion wieder zu verlernen. Sie signalisieren Ihrem Gehirn, dass selbst ein Blackout keine Katastrophe ist und Sie stattdessen eine positive Erfahrung machen können.

NOTFALLSTRATEGIEN IM UMGANG MIT ANGST, SCHAM UND SCHULD

Imaginationsübungen können Ihnen helfen, sich mental auf eine Herausforderung vorzubereiten und die Angst bereits im Vorfeld zu minimieren. Doch was, wenn Sie schon mittendrin sind im Gefühlskarussell? Dann helfen meine Notfalltipps:

- Machen Sie sich immer wieder bewusst: Sie werden weder an Angst noch an Scham oder Schuld sterben. Keine Frage, es sind unangenehme Gefühle, aber sie sind nicht gefährlich. Es ist auch nicht mehr überlebenswichtig, von der Gesellschaft vollumfänglich akzeptiert zu werden. Das, was Sie befürchten, tritt meist gar nicht ein.
- Atmen Sie langsam und tief ein und aus. Tiefe Atemzüge sorgen dafür, dass Ihr Körper sich entspannt. Aber übertreiben Sie es nicht und beginnen Sie nicht zu hyperventilieren. Das kann die Angst wiederum verstärken.
- Tricksen Sie Ihr Gehirn aus. Unsere Gefühle werden nämlich auch durch den Körper rückgekoppelt. Unsere Körperhaltung und Mimik verstärken Gefühle oder schwächen sie ab. Bei Angst oder Scham machen Sie sich normalerweise klein und blicken zu Boden. Diese Haltung wird vom Gehirn als *»Ich ängstige mich«* oder *»Ich schäme mich«* interpretiert und verstärkt erst recht das Gefühl. Wenn Sie Angst oder Scham abmildern wollen, verhalten Sie sich am besten genau gegenteilig:

Richten Sie sich auf, heben Sie den Kopf und lächeln Sie. Das mag Sie vielleicht irritieren und lässt Sie noch mehr an einen Hochstapler denken, der ja auch etwas anderes vorgibt, als er ist. Aber Sie werden bemerken, dass durch die körperinterne Rückkopplung die Gefühle schon deutlich weniger intensiv sind.

- Lenken Sie sich ab. Lösen Sie im Kopf schwierige Rechenaufgaben oder spielen Sie mit sich selbst Stadt-Land-Fluss. Dadurch geben Sie den Panikgedanken oder den innerlichen Schuldzuweisungen weniger Raum. Und denken Sie daran, dass Sie einen liebevollen Begleiter in sich haben. Verhalten Sie sich also gerade bei Scham oder Schuldgefühlen sich selbst gegenüber nicht anklagend, sondern verständnisvoll, beruhigend und tröstend.

Diese Notfallstrategien sollten Sie immer wieder trainieren. Es ist ein bisschen wie eine Brandschutzmaßnahme. Wenn das Haus schon lichterloh brennt, ist es zu spät, sich zu überlegen, wo nun der Feuerlöscher steht und wie man ihn bedient. Im Akutfall sind Sie gar nicht mehr in der Lage, klar zu denken. Die erforderlichen Handlungsabläufe müssen schon vorher so oft eingeübt worden sein, dass sie Ihnen in Fleisch und Blut übergegangen sind. Und so ist das auch im Umgang mit Angst, Scham oder Schuld. Halten Sie also regelmäßige Angstschutzübungen ab und trainieren Sie erst einmal in Situationen, die Ihnen nur ein leichtes Unbehagen bereiten. Steigern Sie dann nach und nach den Schwierigkeitsgrad, bis Sie auch die wirklich großen Herausforderungen bewältigen können und Ihre Emotionen im Griff haben.

Nun sind Sie bestens vorbereitet, um neue Erfahrungen zu machen. Im nächsten Kapitel werden Sie lernen, wie Sie sich gut auf Herausforderungen vorbereiten und diese meistern. Vorher prüfen Sie noch einmal, wie es um Ihre Gefühle steht.

SELBSTREFLEXION:

Wie bekomme ich meine Gefühle in den Griff?

- Welche Vorstellung macht mir am meisten Angst, Schamgefühle oder Gewissensbisse? Welche Bilder treten dann in meinem Kopf auf?
- Woher kommen diese Gefühle? Hat mir jemand dieses Verhalten vorgelebt oder habe ich selbst eine negative Erfahrung gemacht?
- Wie beeinflussen meine Gedanken das, was ich fühle?
- Welche positiven Bilder könnte ich meinen Gefühlen entgegenstellen?
- Wie könnte mein Angst-Notfallplan aussehen und wie oft / wann möchte ich ihn einüben?

KAPITEL 8

MACHEN SIE NEUE ERFAHRUNGEN – ABER RICHTIG!

»Möchtest du nicht langsam mal ins Bett kommen? Es ist schon 23 Uhr!« Gähnend lehnt sich Petra an den Türrahmen und betrachtet ihren Mann, der immer noch an seinem Schreibtisch sitzt. »Komm, du machst dich jetzt doch sowieso nur noch verrückt. Wird schon schiefgehen morgen.«

Oliver schaut auf. »Du hast ja recht. Mein Therapeut hat mir das ja auch schon gesagt. Durch seine Unterstützung habe ich es immerhin geschafft, nicht mehr wie das Kaninchen vor der Schlange zu verharren, und habe einen Weg gefunden, mich endlich einmal richtig auf die Besprechung vorzubereiten. Aber irgendwie hab ich trotzdem das Gefühl, dass ich noch mehr wissen müsste.« – »Es geht doch immer noch besser, das weißt du doch, Oliver. Aber ich bin mir sicher, dass du genug getan hast, um die morgige Quartalsbesprechung gut zu meistern.« Petra tritt hinter ihren Mann und massiert ihm die Schultern, während sie ihn darin bestärkt, es für heute gut sein zu lassen.

Oliver seufzt auf. »Vielleicht hast du recht. Zeit, ins Bett zu gehen.« Er klappt den Laptop zu, steht auf und geht ins Badezimmer. Während er die Zahnbürste in die Hand nimmt, betrachtet er sich nachdenklich im Spiegel. Was werden die anderen morgen von ihm denken? Wird er überzeugend sein?

Als er etwas später im Bett liegt und sich an seine Frau kuschelt, spricht er seine Befürchtungen aus. »Was, wenn die Strategien, die ich in den letzten Wochen gelernt habe, nichts nützen? Was, wenn ich wieder keine gute Erfahrung mache?« – Der flehende Unterton in seiner Stimme sorgt dafür, dass Petra ihre Schläfrigkeit noch einmal zurückdrängt. Sie knipst das Licht an und schaut ihren Mann ernst an. »Was hat dir nochmal dein Therapeut bezüglich der morgigen Besprechung gesagt?« – »Na ja, dass ich nicht versuchen soll, keinen Fehler zu machen, dass es normal ist, aufgeregt zu sein, und dass ich trotzdem überzeugend sein kann, auch wenn ich etwas unsicher bin.« – »Genau. Ich bin mir sicher, dass du das morgen gut hinbekommst. Du hast es in Gedanken durchgespielt, du hast mit deinem Therapeuten geübt. Du wirst es schaffen. Morgen Abend feiern wir dann, okay? Und jetzt: Gute Nacht! Ach ja, und denk daran: Es kommt nicht darauf an, perfekt zu sein. Gut genug reicht völlig aus.«

Damit sind wir nun bei der letzten Spiegelschicht angekommen: unserem Verhalten. Solange wir immer wieder das Gleiche tun, werden wir auch immer wieder die gleichen Ergebnisse erzielen. Im Fall des Impostor-Phänomens bedeutet das: Geraten wir vor jeder neuen Herausforderung in Panik und verhalten uns dann wie das schockgefrorene Kaninchen vor der Schlange oder wie das hyperaktive Eichhörnchen in der Nussfabrik, können wir nicht die Erfahrung machen, dass wir die Herausforderung souverän meistern werden.

Wenn wir während einer schwierigen Situation nur darauf achten, ob wir rot werden oder zittern, können wir gar nicht registrieren, dass das, was wir sagen, gut ankommt. Und wenn wir Komplimente sofort von uns weisen und unsere Leistung kleinreden, werden wir nicht verinnerlichen, wie gut wir tatsächlich waren.

Solange wir davon ausgehen, dass wir nicht gut genug sind und bei der nächsten Gelegenheit auffliegen werden, erscheint eine Situation, in der wir unsere Fähigkeiten unter Beweis stellen müssen, wie eine Bedrohung. Wir können versuchen, sie zu vermeiden, wir können uns übermäßig darauf vorbereiten oder wir verfallen in eine Schockstarre. All diese Vorgehensweisen verstärken unsere Hochstapler-Überzeugungen zusätzlich.

Doch was können Sie im Vorfeld anders machen? Das Beste ist, sich so vorzubereiten, wie Sie es tun würden, wenn Sie keine Verunsicherung spüren würden: Sie würden eine gewisse Zeit für ein Konzept aufwenden, genug, um die Eckdaten zu wissen und einen groben Plan im Kopf zu haben. Aber Sie würden auch Lücken zulassen und darauf vertrauen, dass Sie genug Wissen besitzen, um die Situation zu meistern und notfalls zu improvisieren. Sich angemessen auf eine Herausforderung vorzubereiten funktioniert natürlich nur, wenn Sie nicht wie gelähmt davorstehen und handlungsunfähig sind. Daher erkläre ich Ihnen zunächst, wie Sie sich aus dieser Hemmung befreien können.

STRATEGIEN GEGEN DAS AUFSCHIEBEN

In einer Blockade festzusitzen ist ein sehr unangenehmes Gefühl, das Sie vermutlich auch kennen: Es fühlt sich so an, als würden Sie in einem Schraubstock stecken, der auf die Brust drückt und Ihnen keine Bewegung lässt. Mit jeder Stunde, die verrinnt, dreht sich der Schraubstock ein bisschen mehr zu und nimmt Ihnen die Luft zum Atmen. Sie sind wie erstarrt vor Angst und fühlen sich nicht in der Lage, etwas an Ihrer Situation zu verändern. Sobald Sie sich vor den Computer setzen, um ein Konzept zu entwickeln oder einen Text zu schreiben, ist der Kopf leer. Je länger Sie auf den Bildschirm starren, ohne einen klaren Gedanken zu entwickeln, desto mehr steigt die Verzweiflung und behindert Sie erst recht.

Das Erste, was Sie in dieser Situation tun können: Kommen Sie in Bewegung – und zwar im wörtlichen Sinn. Solange Sie angsterfüllt auf ein leeres Blatt blicken oder sich am PC mit Spielen und anderen Zeitvertreiben ablenken, bleiben Sie in dem Schraubstock der Angst stecken. Es wird Ihnen immer schwerer fallen zu beginnen. Schütteln Sie daher die Angst ab, indem Sie beispielsweise auf der Stelle hüpfen, oder laufen Sie ihr beim Joggen davon. Durch das Auspowern bauen Sie Stresshormone ab, Ihr Körper (und somit auch Ihr Gehirn) wird besser durchblutet, und das Gedankenkreisen kann kurzzeitig unterbrochen werden. Noch einen Vorteil hat das kurze Workout: Ihr Atemmuster verändert sich dabei von ganz allein. Während Sie vorher stressbedingt eher flach geatmet haben, nehmen Sie nun tiefere Atemzüge und entspannen so Ihren Körper.

Merke: Je länger wir mit einer unangenehmen Aufgabe warten, desto schwieriger wird es anzufangen. Unsere ersten Schritte sollten daher so klein sein, dass wir sofort beginnen können.

Die eigentliche Vorbereitungsarbeit bleibt Ihnen dadurch natürlich nicht erspart. Irgendwann müssen Sie sich doch an Ihren Schreibtisch setzen und gedanklich auf die bevorstehende Situation einstellen. Machen Sie sich den Einstieg so leicht wie möglich: Setzen Sie sich ein Zeitfenster, das nicht zu groß sein sollte. Eine halbe Stunde bis Stunde reicht für den Einstieg völlig aus. Dieser erste Zeitslot dient ausschließlich dazu, den Anfangswiderstand zu überwinden. Wer einmal ein stehendes Auto anschieben musste, weiß, dass die größte Anstrengung darin liegt, den Wagen in Bewegung zu bringen. Wenn er dann einmal ins Rollen gekommen ist, wird es leichter. So ist es auch bei Blockaden. Daher bringen Sie Ihren Denkapparat erst einmal zum Laufen – die Richtung können Sie später immer noch korrigieren.

Die sprichwörtliche Angst vor dem leeren Blatt überwinden Sie, indem Sie es so schnell wie möglich füllen. Schreiben Sie alles auf, was Ihnen einfällt, ohne es gleich zu bewerten. Zu Beginn geht es nicht um die Qualität, sondern allein um die Menge. Vermeiden Sie es, das Geschriebene noch einmal durchzulesen und zu korrigieren. Sonst werden Sie über einige wenige Sätze nicht hinauskommen, die Sie wieder und wieder abändern. Falls Ihr innerer Kritiker Ihnen Vorhaltungen machen sollte, dass Sie Ihren ersten Entwurf so auf keinen Fall vorstellen können, dann denken Sie daran, dass Sie später noch ausreichend Gelegenheit haben werden, Verbesserungen vorzunehmen. Jetzt zählt erst einmal nur, überhaupt in die Gänge zu kommen.

Auch beim Schreiben dieses Buchs greife ich auf meine bewährten Anti-Blockade-Strategien zurück. Indem ich meinem inneren Kritiker den Mund verbiete und erst einmal schreibe, was mir gerade durch den Kopf geht, trickse ich die Angst vor dem leeren Blatt (oder in meinem Fall vor dem neuen Kapitel) aus. Auch wenn mir das Geschriebene zunächst nicht besonders gut gefällt, lasse ich es stehen und schreibe weiter. Am nächsten Tag erscheint mir das Geschriebene schon weitaus weniger schrecklich, und in mehreren Überarbeitungsschritten wird daraus dann nach und nach ein Text, mit dem ich am Ende zufrieden bin.

Sobald die geplante Zeit vorbei ist, beenden Sie Ihre Tätigkeit und vereinbaren mit sich ein neues Zeitfenster für den nächsten Tag. Legen Sie fest, dass Sie für heute genug daran gearbeitet haben, und erlauben Sie sich, einmal an etwas ganz anderes zu denken oder Ihren Hobbys nachzugehen. Durch das Abschalten gewinnen Sie eine innere Distanz und kommen dadurch vielleicht auf neue Ideen.

Da unsere Stimmung von Tag zu Tag wechselt, ist es durchaus möglich, dass Ihnen der Einstieg am Folgetag ein bisschen leichter fällt und es besser vorangeht. Vor allem, weil Sie dann nicht mehr vor einem weißen Blatt sitzen werden, sondern auf die Aufzeichnungen vom Vortag zurückgreifen können. Wenn Sie erst einmal eine grobe Version entworfen haben, fällt es in der Regel leichter, diese weiter auszuarbeiten.

Sie mögen nun vielleicht einwerfen, dass eine halbe Stunde bis Stunde viel zu wenig ist, um ein gutes Konzept auszuarbeiten. Ich gebe Ihnen recht. Mit der Zeit können Sie Ihre Arbeitseinheiten steigern. Aber zunächst müssen Sie Ihren Anfangswiderstand überwinden, und mit meinem Vorgehen der kleinen Schritte ist das besser möglich, als stundenlang im Schraubstock der Angst zu verharren und gar nichts zustande zu bekommen.

ÜBUNG 10: IN DIE GÄNGE KOMMEN

Entwickeln Sie einen Plan, um Ihr Aufschiebeverhalten zu reduzieren. Nehmen Sie sich dafür etwa eine halbe bis eine Stunde Zeit und überlegen Sie anhand des Arbeitsblattes auf der nächsten Doppelseite, welche Maßnahmen Sie ergreifen können, wenn Sie wieder einmal Anlaufschwierigkeiten haben. Kopieren Sie das Arbeitsblatt und lagern Sie es dort, wo Sie jederzeit schnell darauf Zugriff haben, und nutzen Sie es als Starthilfe, wenn es Ihnen wieder einmal besonders schwerfällt zu beginnen.

Arbeitsblatt 10: In die Gänge kommen

1. Was hilft mir, Stresshormone abzubauen? Wie kann ich mich auspowern und mich aus der innerlichen Erstarrung lösen?

- ▶ ....
- ▶ ....
- ▶ ....
- ▶ ....
- ▶ ....

2. Folgende Schritte helfen mir anzufangen:

- ▶ KLEINE ZEITEINHEITEN: Ich arbeite zunächst nur .... Minuten an meiner Vorbereitung. Dann mache ich Pause.
- ▶ QUANTITÄT: Ich versuche, so schnell wie möglich meine Ideen zu Papier zu bringen. Ausformulieren kann ich sie später auch noch.
- ▶ KRITIK UNERWÜNSCHT: Korrigieren und verfeinern werde ich in einem späteren Schritt.

  Folgender Satz kann mir helfen, meinen inneren Kritiker kurzzeitig zum Schweigen zu bringen:

  ....

  ....

  ....

  ....

  ....

► ERHOLEN: Wenn die Zeit verstrichen ist, höre ich auf und belohne mich dafür, dass ich den Anfang geschafft habe. Das sind geeignete Belohnungsmöglichkeiten:

- ....
- ....
- ....
- ....
- ....
- ....

► Diese Ideen könnten mir zusätzlich helfen, in die Gänge zu kommen:

- ....
- ....
- ....
- ....
- ....
- ....

Vielleicht haben Sie es geschafft und sitzen an Ihrem Schreibtisch, aber trotz meiner Tipps können Sie keinen klaren Gedanken fassen und die Zeit verstreicht, ohne dass Sie sie produktiv nutzen konnten. Dann müssen Sie Ihre Strategie ändern und erst einmal herausfinden, was genau für die innere Blockade verantwortlich ist.

UMGANG MIT BLOCKADEN

Gerade dann, wenn wir uns vor Angst wie erstarrt fühlen, würden wir uns gerne ablenken und Gedanken an die stetig näher rückende Bedrohung vermeiden. Doch das ist genau der falsche Weg. Wenn Sie aus einer Blockade herausmöchten, brauchen Sie Klarheit darüber, was auf Sie zukommt und was Sie tun können. Sie müssen zudem wissen, welche Befürchtungen Sie am stärksten ängstigen, um sich selbst wieder beruhigen zu können. Setzen Sie sich daher mit Ihrer Lage und mit den dahintersteckenden Erwartungen auseinander.

Finden Sie zunächst heraus, welche Gefühle und Gedanken Sie gerade lähmen. Fragen Sie sich, was genau das Problem ist. Vermutlich werden Sie in einen regelrechten Gedankenstrudel hineingerissen, denn all Ihre Ängste und Bedenken kommen nun an die Oberfläche. Es ist, als wären gleichzeitig viele verschiedene Stimmen in Ihrem Kopf, die sich ständig gegenseitig unterbrechen. Kein Wunder also, dass Sie in dieser Situation keinen klaren Gedanken fassen können. Schreiben Sie alle Gedanken und Gefühle auf, die Sie wahrnehmen, ohne sie vorher zu bewerten oder sich von ihnen in einen Verzweiflungssumpf reißen zu lassen. Indem Sie sie zu Papier bringen, beruhigen Sie den Sturm in Ihrem Kopf etwas.

Auch Oliver hatte in den Wochen vor der von ihm gefürchteten Quartalsbesprechung mit Blockaden zu kämpfen. Als er auf Anraten seines Therapeuten seine Sorgen aufschrieb, war er erstaunt, wie viele widerstrebende Gefühle und gegenläufige Gedanken er in sich trug. Er glaubte, die Sache nicht richtig anzupacken, zweifelte, ob seine Methode überhaupt etwas bringen würde, fürchtete sich vor einer Blamage und gleichzeitig auch vor einem Erfolg, weil die Erwartungen an ihn dann noch höher sein würden.

Vor allem aber plagte ihn die ständige Sorge, nicht die geeignete Person für diese Aufgabe zu sein. Trotzdem bemerkte er, dass er durch das Aufschreiben etwas ruhiger wurde. Er hatte seine Gefühle und Gedanken aus seinem Kopf auf ein Blatt Papier gebannt.

Sobald der Gedankensturm etwas abgeklungen ist und Sie all Ihre Sorgen niedergeschrieben haben, werden Sie feststellen, dass die Angst Sie nicht mehr so fest im Griff hat. Dennoch kann ein altbekanntes Thema wieder aufflackern: die Überzeugung, nicht gut genug zu sein. Sie haben mittlerweile schon gelernt, wie Sie solche Gedanken anzweifeln und entkräften können. Probieren Sie jedoch diesmal ein anderes Vorgehen: Betrachten Sie die ängstigenden Gedanken wie ein Forscher, der sich das Problem mit wissenschaftlicher Neugierde ansieht, ohne gleich emotional beteiligt zu sein. Sie werden merken, dass die Angstgefühle mit der Zeit ganz von selbst nachlassen, wenn Sie eine gewisse Distanz zu ihnen aufbauen.

Merke: Unsere ängstlichen Erwartungen sind dann am stärksten, wenn wir versuchen, ihnen auszuweichen. Sobald wir sie interessiert, aber aus einer gewissen Distanz betrachten, verlieren sie bereits etwas von ihrem Schrecken.

Fragen Sie sich, was sich verändern müsste, damit Sie Ihre Blockade und die damit verbundenen Ängste überwinden können. Überlegen Sie, welche Fähigkeiten, Mittel oder Kenntnisse Sie bräuchten, um die schwierige Situation zu bewältigen. Halten Sie die Frage bewusst ganz allgemein. Indem Sie sie als ein hypothetisches Problem ansehen, vermeiden Sie, dass Sie die auftauchenden Ideen sofort mit *»Kann ich sowieso nicht«* abschmettern.

Im letzten Schritt werden Sie dann konkret: Überlegen Sie sich, welche Sofortmaßnahme Sie zuallererst ergreifen könnten. Sammeln Sie dazu wieder alle Ideen, die Ihnen einfallen. Diesmal dürfen Sie sie auch bewerten. Welcher Vorschlag ist leicht umsetzbar? Welcher verspricht den größten Erfolg? Entscheiden Sie sich dann für einen Punkt auf Ihrer Liste und führen Sie ihn am besten gleich aus.

Nachdem Oliver seine Befürchtungen aufgeschrieben, die dahinterliegenden Grundannahmen identifiziert und dann festgelegt hatte, welchen Schritt er als Nächstes machen würde, um seiner Angst Herr zu werden, war ihm klar geworden, dass er vor allem innere Sicherheit brauchte und eine Struktur, an der er sich festhalten konnte. Daher hatte er als Erstes einen Zeitplan erstellt, wann er welche Teilaufgabe erledigen wollte. Dadurch fühlte er sich schon etwas weniger planlos. Zudem suchte er bei seiner Frau und seinem Psychotherapeuten Bestärkung. So gelang es ihm, nach und nach die Blockade zu überwinden.

ÜBUNG 11: MEIN WEG AUS DER BLOCKADE

Sobald Sie wieder in einem Gedankenstrudel feststecken und einfach nicht vorwärtskommen, nehmen Sie das folgende Arbeitsblatt zur Hand und ziehen sich anhand der vier Schritte am eigenen Schopf aus dem Paniksumpf heraus. Bringen Sie als Erstes alle Sätze zu Papier, die Ihnen durch den Kopf gehen. Suchen Sie dann die dahintersteckenden Befürchtungen und betrachten diese so lange mit einem distanzierten Blick, bis Sie merken, dass Ihr Gefühlschaos etwas nachlässt. Überlegen Sie anschließend, was Ihnen helfen könnte, die Situation zu meistern. Kommen Sie dabei vom Allgemeinen *(»Was müsste sich ändern?«)* ins Konkrete *(»Was ist mein erster Schritt?«)*.

Arbeitsblatt 11: Mein Weg aus der Blockade

1. Welche Gefühle und Gedanken halten mich gerade vom Denken ab?

2. Welche Befürchtungen stecken dahinter? Was wäre daran so schlimm, wenn sie eintreffen würden?

3. Was müsste sich ändern, damit ich diese Blockade überwinden kann?

....

....

....

....

....

....

....

....

....

4. Was kann ich als ersten kleinen Schritt unternehmen?

....

....

....

....

....

....

....

....

....

Nicht alle Menschen werden von ihren Ängsten blockiert. Manche reagieren auch wie das sprichwörtliche Eichhörnchen in der Nussfabrik: Sie sind unglaublich beschäftigt, rennen von einer Gedankenecke in die nächste, fangen hier etwas an, nehmen an einer ganz anderen Stelle etwas auf und lassen es kurz darauf wieder fallen. Sie sind sehr aktiv, aber dabei nicht sehr produktiv. Und je mehr sie unternehmen, desto größer wird die Angst.

In diesem Fall müssen Sie anders agieren, denn Ihr Problem ist nicht, in die Gänge zu kommen, sondern vielmehr, sich zu bremsen und überlegt vorzugehen.

MUT ZUR LÜCKE

Eines der wesentlichen Prinzipien im Zeitmanagement ist das sogenannte Parkinson'sche Gesetz. Dem zufolge dauert die Erledigung einer Aufgabe exakt so lange, wie Zeit dafür zur Verfügung steht. Wenn Sie schon sehr früh mit der Vorbereitung beginnen, kann Sie dies durchaus entlasten, da der Termin noch weit weg ist. Je mehr Zeit Sie aber in die Vorbereitung stecken, desto länger werden Sie mit ihr (auch gedanklich) beschäftigt sein. Menschen, die mit dem Impostor-Phänomen zu kämpfen haben – speziell die Over-Doer –, versuchen oft, ihre Unsicherheit durch eine gute Vorbereitung zu reduzieren. Wie Sie bereits im zweiten Kapitel erfahren haben, führt dieses Vorgehen jedoch in einen Teufelskreis. Denn die Over-Doer werden sich nie sicher genug fühlen. Immer werden ihnen noch mehr Aspekte einfallen, die sie noch nicht bedacht haben. Und wenn sie sich die dafür nötigen Kenntnisse angeeignet haben, entdecken sie schon wieder neue Wissenslücken. Mit einer ausgiebigen Vorbereitung erreichen sie nur, dass sie sich ausgiebig verrückt machen.

Marla saß regelmäßig bis mitten in der Nacht vor ihrem PC, wenn sie eine Präsentation erarbeiten sollte. Sie schrieb die immer gleichen Sätze wieder und wieder um. Änderte das Format, machte es anschließend wieder rückgängig und änderte es von Neuem. Je länger sie sich mit der Aufgabe beschäftigte, desto weniger gut gefiel sie ihr, und mehrmals verwarf sie ihren Entwurf komplett, um noch einmal von vorn zu beginnen. Unwichtige Details erschienen ihr mit zunehmender Bearbeitungszeit immer bedeutender, und immer mehr fühlte Marla sich unter Druck, eine perfekte Präsentation zu erstellen.

Merke: Je mehr Zeit wir uns für eine Aufgabe nehmen, desto mehr besteht die Gefahr, uns in unnötigen Details zu verlieren.

Auch Sie haben vielleicht den gleichen Fehler und somit die gleiche Erfahrung gemacht: Es ist nie genug. Mit der Zeit verlieren Sie das Gefühl für eine angemessene Vorbereitung. Sie sind davon überzeugt, dass all die kleinen Details berücksichtigt werden müssen. Wie können Sie sich nach und nach darauf trainieren, zwischen Wesentlichem und Unwesentlichem zu unterscheiden und das Unwesentliche wegzulassen?

Beweisen Sie Mut zur Lücke und vertrauen Sie darauf, dass Sie kompetent genug sind, um Ihre Aufgabe zu meistern. Durch den geplanten Verzicht auf eine vollumfängliche Vorbereitung profitieren Sie in dreierlei Hinsicht: Sie ersparen sich unnötige Aufregung im Vorfeld, Sie brauchen weniger Zeit für die Vorbereitung und Sie werden die Erfahrung machen, dass Sie auch ohne übertriebene Geschäftigkeit gut genug sind.

ÜBUNG 12: EINE ANGEMESSENE VORBEREITUNG

Listen Sie als Erstes auf, was Sie noch alles tun sollten, um die bevorstehende Herausforderung gut zu meistern. Je vollständiger diese Liste ist, desto besser. Daher notieren Sie auch all die Tätigkeiten, die Ihnen ein Gefühl von Sicherheit geben, selbst wenn es die Formatierung ist oder das Einüben eines Vortrags. Keine Sorge: Sie werden sich vermutlich erschlagen fühlen von der langen Liste, die Sie nun vor sich haben. Zumindest solange all diese Aufgaben ungeordnet nebeneinanderstehen. Aber das lässt sich ändern.

Sortieren Sie nun die Ansammlung nach Wichtigkeit. Sie kennen vielleicht das Pareto-Prinzip. Dieses besagt, dass wir für achtzig Prozent des Ergebnisses nur zwanzig Prozent unserer Zeit brauchen. Den viel größeren Aufwand haben wir mit Details, die eigentlich unwesentlich sind. Wenn wir also versuchen, eine Aufgabe möglichst perfekt auszuführen, müssen wir dafür fünfmal mehr Zeit investieren, als wenn wir uns mit den achtzig Prozent zufriedengeben, die durchaus ausreichend wären.

Priorisieren Sie also: Welche Punkte auf Ihrer Liste sind wirklich essenziell, um ein zufriedenstellendes Ergebnis zu erzielen? (Denken Sie daran: zufriedenstellend heißt nicht perfekt!) Auf welche Aspekte könnten Sie notfalls verzichten, wenn Ihnen die Zeit nicht mehr reichen würde? Notieren Sie diese in die dafür vorgesehenen Felder des Arbeitsblatts 12.

Konzentrieren Sie sich nun ausschließlich auf die essenziellen Anforderungen. Viel zu oft begehen wir den Fehler, uns in unnötigem Klein-Klein zu verlieren. Die Zeit, die wir dafür verwenden, fehlt uns dann bei den wirklich wichtigen Vorbereitungsschritten. Ein perfektes Layout bringt nichts, wenn der Inhalt fehlt.

Ganz zuletzt überlegen Sie sich, welche Vorbereitungsschritte Sie bewusst von Ihrer Liste streichen wollen. Trainieren Sie diesen

Arbeitsblatt 12: Eine angemessene Vorbereitung

Welche Schritte benötige ich, um mich ausreichend sicher zu fühlen?

Welche Punkte davon sind wirklich essenziell?

Welche könnte ich eher vernachlässigen?

Auf welche nichtessenziellen Vorbereitungsschritte will ich daher bewusst verzichten und Mut zur Lücke beweisen?

Mut zur Lücke ganz gezielt, indem Sie bei jeder neuen Herausforderung etwas mehr in Ihrer Vorbereitung weglassen. Nur dann können Sie die Erfahrung machen, dass Sie auch mit weniger Aufwand gut genug sind.

Für meine erste Fallvorstellung vor Publikum hatte ich mich drei Monate lang vorbereitet. Ich hatte die Folien wieder und wieder ergänzt, den Vortrag dreimal Probe gehalten und war am entscheidenden Tag wahnsinnig nervös. Mittlerweile brauche ich für eine solche Aufgabe nur noch etwa eine Woche Vorlaufzeit. Die Folien erstelle ich ohne den Anspruch, damit einen Schönheitspreis zu gewinnen, und gehe sie allenfalls einmal durch, um abzuschätzen, wie viel Zeit ich in etwa brauche. Dadurch starte ich viel entspannter in Online-Kongresse und Workshops. Ich habe gelernt, auf mich und meine Fähigkeiten zu vertrauen, und weiß, dass ich genug Wissen habe, um im Zweifelsfall zu improvisieren.

DER RICHTIGE FOKUS

Noch wichtiger als eine angemessene Vorbereitung ist unser Verhalten in der Situation selbst. Wie ich bereits im ersten Kapitel erklärt habe, lernen Impostor-Menschen nicht aus ihren Erfolgen. Statt sich mit der Zeit an die Herausforderung zu gewöhnen und aus den gemeisterten Aufgaben Selbstvertrauen zu gewinnen, verstärkt sich bei ihnen die Überzeugung, dass sie nicht gut genug sind. Der Grund dafür ist eine falsche Fokussierung.

Ein gutes Beispiel dafür ist Paul, der wegen seiner sozialen Phobie in der psychosomatischen Klinik war, in der ich gearbeitet habe. Mit seinem muskulösen Oberkörper und der schwarzen Lederkleidung, die er besonders gern trug, wirkte er auf andere einschüchternd. In seinem Inneren jedoch war er so unsicher, dass er noch nicht einmal Blickkontakt halten konnte. Nach mehreren Einzelsitzungen waren wir so weit, dass Paul sich in einer Gruppentherapie zu Wort meldete und erstmals von seinen Ängsten erzählte. Als ich ihn anschließend bat, mir zu berichten, wie seine Mitpatienten auf die Offenlegung reagiert hatten, war er dazu nicht in der Lage. Er hatte nur auf sich geachtet und nicht auf die Reaktionen der anderen.

Und genau darin liegt das Problem: Nur wenn man erkennt, dass die größten Befürchtungen, die man hatte, nicht eingetreten sind, sieht man, dass man eine solche Situation gut bewältigen kann. Pauls Angst war es, Schwäche zu zeigen und sich dadurch seinen Mitpatienten gegenüber lächerlich zu machen. Durch die Exposition in der Gruppentherapie sah er sich in seiner Angst bestätigt: Er registrierte jedes einzelne Zittern, jede Unsicherheit in seiner Stimme und Haltung, daher bewertete er das Experiment als Misserfolg. Aber er achtete überhaupt nicht darauf, wie die anderen ihn wahrnahmen. So war ihm gar nicht aufgefallen, dass diese ihn aufmunternd anlächelten, interessiert zuhörten und ihm insgesamt sehr wohlwollend gegenübertraten.

Merke: Wenn unsere Angst trotz mehrerer gemeisterter Situationen nicht kleiner wird, liegt es meist daran, dass wir uns auf die falschen Aspekte konzentriert haben.

Den gleichen Fehler haben vermutlich auch Sie schon gemacht, denn Sie wissen ja aus Kapitel 2: Unsere Wahrnehmung folgt unserer Angst. Wenn Sie befürchten, nicht souverän zu wirken, und die Souveränität allein daran festmachen, ob Sie rot anlaufen oder zu stottern beginnen, werden Sie nur diese Körperreaktionen registrieren und zuletzt zu der Schlussfolgerung gelangen, dass Sie nicht sicher genug waren. Die ermunternden Signale Ihrer Zuhörer nehmen Sie dabei nicht wahr. So werden Sie keine Selbstsicherheit aufbauen können und vor der nächsten Herausforderung erneut zittern. Überprüfen Sie daher genau, woran Sie Ihren Erfolg messen wollen.

ÜBUNG 13: TRIFFT MEINE BEFÜRCHTUNG WIRKLICH EIN?

Zunächst wählen Sie eine Situation aus, die Sie allein beim Gedanken daran schon ängstigt. Bei Impostor-Menschen sind das meist Tätigkeiten, in denen sie im Rampenlicht stehen und ihre Fähigkeiten zur Diskussion stellen. In der Regel handelt es sich dabei um Vorträge oder Meetings, die sie leiten müssen, aber es können auch ganz andere Gegebenheiten sein. Eine Mutter beispielsweise kann massive Angst davor haben, Kindergeburtstage auszurichten, weil sie befürchtet, dass infolge ihrer Unfähigkeit, eine unterhaltsame Feier zu gestalten, ihr Kind von seinen Kameraden gehänselt oder gemieden werden könnte.

Wie ist das bei Ihnen? Bei welcher Situation bricht Ihnen allein schon beim Gedanken daran der Angstschweiß aus? Tragen Sie diese in das folgende Arbeitsblatt ein.

Fragen Sie sich nun, was genau passieren könnte. Was ängstigt Sie am meisten? Notieren Sie auch irrationale Ängste, selbst wenn Sie sich dabei etwas dumm vorkommen, weil Sie vom Verstand her wissen, dass dieser Fall gar nicht eintreten kann oder zumindest mit größter Wahrscheinlichkeit nicht eintreten wird.

Als Nächstes überlegen Sie, woran Sie erkennen können, dass Ihre Befürchtungen eintreffen. Ziehen Sie daraus aber keine falschen Schlüsse. Wenn Sie beispielsweise Sorge haben, während eines Vortrags zu zittern, so fragen Sie sich zunächst, was so schlimm daran wäre. Meist ist es nicht das Zittern, das uns ängstigt, sondern die Gefahr, sich dadurch lächerlich zu machen. Ob

Sie sich tatsächlich lächerlich machen, erkennen Sie aber nicht daran, dass Sie zittern, sondern Sie sehen es an den Reaktionen des Publikums. Machen Sie sich also Gedanken, worauf Sie wirklich achten sollten.

Nun kommt der letzte und Angst machende Schritt: Probieren Sie es aus und testen Sie, ob Ihre Hypothese (zum Beispiel *»Ich werde mich blamieren«*) tatsächlich stimmt: Tun Sie das, was Sie ängstigt, und achten Sie genau darauf, ob das, was Sie befürchtet haben, eingetroffen ist. Konzentrieren Sie sich nicht darauf, wie oft Sie zittern – wenn Sie Angst haben, ist es normal, dass Sie zittern –, sondern darauf, wie die Menschen auf Sie reagieren. Beobachten Sie ihre Gesichter und ihr Verhalten und registrieren Sie vor allem die Rückmeldungen im Anschluss. Sie werden feststellen, dass Ihre Sorgen in den meisten Fällen unbegründet waren. Dadurch können Sie nach und nach Ihre Glaubenssätze *»Ich bin nicht gut genug«* oder *»Ich muss souverän wirken, um mich nicht lächerlich zu machen«* hinterfragen und zu guter Letzt über Bord werfen.

Marla füllte das Arbeitsblatt folgendermaßen aus:

Welche Situation macht mir am meisten Angst?
– Präsentationen halten.

Was genau macht mir dabei Angst?
– Eine Frage nicht beantworten zu können, etwas Falsches zu sagen oder einen Blackout zu haben.

Welches sind die dahinterliegenden eigentlichen Befürchtungen?
– Dass ich meinen Job verliere, weil ich mich als unfähig erwiesen habe.

Arbeitsblatt 13: Trifft meine Befürchtung wirklich ein?

Welche Situation macht mir am meisten Angst?

Was genau macht mir dabei Angst?

Welches sind die dahinterliegenden eigentlichen Befürchtungen?

An welchen Kriterien kann ich erkennen, dass sich meine Befürchtungen bewahrheitet haben?

....

....

....

....

....

In welcher Situation will ich testen, ob meine Befürchtungen stimmen?

....

....

....

....

....

Worauf werde ich dabei am meisten achten?

....

....

....

....

....

....

An welchen Kriterien kann ich erkennen, dass sich meine Befürchtungen bewahrheitet haben?

– An einer Kritik von meinem Chef. An negativem Feedback nach der Präsentation. Wenn ich nicht mehr für Präsentationen angefragt werde, sondern diese Aufgaben zunehmend an andere übertragen werden.

In welcher Situation will ich testen, ob meine Befürchtungen stimmen?

– In zwei Wochen muss ich die nächste Präsentation halten. Das ist eine gute Gelegenheit.

Worauf werde ich dabei am meisten achten?

– Während des Gesprächs: auf die Reaktionen aus dem Publikum. Auf positive Signale, wie z. B. Lächeln, Blickkontakt, und auf negative Signale wie Unruhe, Stirnrunzeln. Nach dem Gespräch will ich für Gespräche zur Verfügung stehen und genau zuhören, wie mein Vortrag angekommen ist. Zudem möchte ich meinen Chef im nächsten Mitarbeitergespräch um sein Feedback bitten.

Als Marla sich wie geplant eher auf die Zeichen ihrer Umgebung fokussierte und sich aktiv Feedback holte, wurde ihr bewusst, dass die Kollegen und ihr Chef im Allgemeinen mit ihr zufrieden waren und dass selbst kleine Patzer die Zufriedenheit nicht minderten. Je mehr sie auf positive Reaktionen aus dem Publikum achtete, desto sicherer fühlte sie sich, und nach und nach wurde ihre Angst vor Vorträgen kleiner.

Merke: Angst können wir überwinden, wenn wir immer wieder erfahren, dass unsere Befürchtungen unbegründet waren.

Glauben Sie also nicht einfach Ihrem inneren Kritiker, der Ihnen alle möglichen Katastrophenszenarien in den schillerndsten Farben und in epischer Breite ausmalt, sondern prüfen Sie, ob Ihre Befürchtungen gerechtfertigt sind. In den wenigsten Fällen sind sie es.

Wenn Sie sich den Herausforderungen immer wieder stellen, werden Sie innerlich wachsen und der Zerrspiegel wird seine Wirkung verlieren. Sich der vermeintlichen Gefahr auszusetzen und dann zu erfahren, dass nichts Schlimmes geschehen ist, ist der sicherste Weg, um aus dem Impostor-Labyrinth herauszufinden. Trotzdem werden Sie immer wieder einmal Rückfälle hinnehmen müssen, besonders in der Anfangszeit. Dazu sind unsere alten Muster zu sehr in uns eingegraben.

Als ich einmal in Gedanken versunken Auto gefahren bin, fand ich mich plötzlich auf dem Weg zu meiner Arbeit wieder. Dort wollte ich eigentlich gar nicht hin, aber ich war diese Strecke so sehr gewohnt, dass ich sie automatisch eingeschlagen habe. So ähnlich wird es Ihnen auch auf Ihrem Weg heraus aus dem Impostor-Labyrinth gehen: Sobald Sie einmal nicht aufpassen, werden Sie sich automatisch wieder wie ein Hochstapler fühlen. Haben Sie also Geduld mit sich und Ihren alten Gewohnheiten und trainieren Sie sich bewusst andere Denk- und Verhaltensweisen an – jeden Tag aufs Neue.

SELBSTREFLEXION:

Wie kann ich mein Verhalten ändern?

- Welche Verhaltensweisen vor und während einer Herausforderung führen dazu, dass sich die Angst davor noch weiter verstärkt?
- Bereite ich mich eher zu viel vor (Over-Doer) oder zu wenig (Under-Doer)?
- Wie gehe ich mit Blockaden um? Welche Strategien könnten mir helfen, mein Aufschiebeverhalten zu durchbrechen?
- Mache ich mich im Vorfeld durch übermäßige Aktivität verrückt? In welchen Bereichen könnte ich dabei am ehesten etwas lockerlassen und Mut zur Lücke beweisen?
- Woran kann ich wirklich erkennen, ob meine Befürchtungen sich bewahrheiten? Worauf werde ich bei der nächsten Herausforderung vermehrt achten?
- Bei wem könnte ich mir gezielt Feedback holen, um zu prüfen, wie ich von außen wirke?

TEIL III

ÜBER SICH HINAUS-WACHSEN

In den vorausgegangenen Kapiteln haben Sie viele unterschiedliche Ansatzpunkte kennengelernt, mit denen Sie den Teufelskreis der Selbstabwertung durchbrechen können. Sie haben erfahren, wie Sie mit negativen Gedanken umgehen können, wie Sie Ihre Gefühle meistern und Ihr Verhalten verändern. Wenn Sie diese Techniken konsequent anwenden, haben Sie große Chancen, Ihre negativen Glaubenssätze in jedem Fall zeitweise, vielleicht sogar für immer abzuschütteln.

Doch ein wichtiger Teil fehlt noch in meinem Buch: Wir haben bisher nur die Symptome bekämpft. Stellen Sie sich vor, Sie wohnen in einer Gegend, in der immer wieder Brände entstehen. Sie können nun eine Technik entwickeln, die es ermöglicht, die Flammen wirkungsvoll zu löschen. Doch viel sinnvoller ist es, die Ursache für das Feuer herauszufinden und zu beseitigen. Sonst werden Sie dauerhaft damit beschäftigt sein, die wiederkehrenden Brände unter Kontrolle zu bringen.

So ist es auch beim Impostor-Phänomen: Ihre Selbstzweifel in herausfordernden Situationen sind sozusagen die immer wieder neu entfachten Feuer. Die eigentliche Brandursache liegt jedoch woanders, oder besser: wann-anders. Sie ist in Ihrer Kindheit zu finden. Wenn Sie also eine nachhaltige Lösung für das Impostor-Phänomen suchen und nicht ständig Panikbrände löschen möchten, müssen Sie das Problem bei der Wurzel packen.

In den nun folgenden Kapiteln gehen wir gemeinsam auf die Suche nach der Quelle für Ihre ständigen Selbstzweifel. Sie werden sich noch einmal intensiv mit Ihrer Lebensgeschichte auseinandersetzen, Zusammenhänge verstehen und erkennen, dass Sie tatsächlich genauso erfolgreich sind, wie andere Sie einschätzen. Viel Spaß auf dieser Reise zu sich selbst!

KAPITEL 9

JETZT BIN ICH ERWACHSEN UND WILL ES IMMER NOCH ALLEN RECHT MACHEN?

Strahlend betritt Oliver das Behandlungszimmer und nimmt breit grinsend Platz. »Es hat geklappt«, erzählt er seinem Therapeuten. »Ich habe die Besprechung am Dienstag gut gemeistert und konnte die positiven Rückmeldungen sogar annehmen.« – »Das freut mich«, entgegnet sein Gesprächspartner lächelnd. »Sie sehen also, dass die Techniken funktionieren. Aber Sie müssen regelmäßig trainieren.«

Oliver runzelt die Stirn. »Heißt das, ich bin so was wie ein trockener Alkoholiker? Also, dass ich einen Rückfall bekomme, wenn ich aufhöre, an mir zu arbeiten?« – Der Therapeut muss über den Vergleich schmunzeln. »Vielleicht trifft es das gar nicht so schlecht. Es ist nötig, immer wieder dagegen anzukämpfen und sich nicht verunsichern zu lassen, wenn Sie sich wieder mal in alten Denkweisen ertappen. Doch es gibt noch etwas anderes, das Ihnen helfen kann, sich vor Rückfällen zu schützen. Bisher haben wir vor allem die Auswirkungen des Impostor-Phänomens bekämpft. Aber noch nicht die Ursache.« – »Sie meinen … meine Mutter?«

»Na ja, nicht direkt Ihre Mutter, aber die Prägungen, die Sie in der Vergangenheit erworben haben. Sagen Sie mal, wenn Sie ein Meeting leiten müssen, wie alt sind Sie da?« – Oliver starrt sein Gegenüber an, als sei der Psychologe plötzlich senil geworden. »Hm, ich bin 36 Jahre alt, das wissen Sie doch.« – »Das meinte ich nicht. Wie alt fühlen Sie sich im Moment des Meetings?« – Lange denkt Oliver nach. »Spontan würde ich sagen, fünf Jahre … Nein«, korrigiert er sich gleich darauf. »Eher neun bis zehn Jahre.« – »Das war der Übergang ins Gymnasium, nicht wahr? Und soweit ich mich er-

innern kann, haben Sie mir auch berichtet, dass Ihre Mutter in dieser Zeit immer mehr von ihren Jobproblemen erzählt hat. Korrigieren Sie mich, wenn ich mich irre.« – »Sie haben recht«, bestätigt Oliver. »Die wenigen Freunde, die ich hatte, sind auf eine andere Schule gegangen. Ich hab mich sehr einsam gefühlt und so hilflos gegenüber meiner Mutter. Denken Sie, dass das die Ursache für meine Selbstzweifel ist?« – »Es gibt in der Regel nicht nur einen Auslöser. So ein Phänomen ist eher wie ein Mosaik, das sich aus ganz vielen Teilen zusammensetzt. Aber wenn Sie sich in schwierigen Situationen in diese Zeit zurückversetzt fühlen, dann scheint das ein bedeutsames Steinchen im Mosaik zu sein. Lassen Sie uns daran arbeiten und schauen, was wir heute alles zutage fördern.«

Gehen auch wir auf Entdeckungsreise, um herauszufinden, wann Ihre Hochstapler-Überzeugungen begonnen haben und an welchen Stellschrauben Sie heute drehen können. Doch wo sollen wir mit der Suche beginnen? Bestimmt erinnern Sie sich noch an das dritte Kapitel über die Entstehung des Impostor-Phänomens. Dort berichtete Oliver, wie er versucht hatte, eine Rolle auszufüllen, die zu schwierig für ihn war, und wie er befürchtete, den Ansprüchen nicht zu genügen. Auch in allen anderen Kapiteln werden Sie immer wieder auf ein grundlegendes Thema gestoßen sein: die Angst, andere zu enttäuschen. Dies ist unser erster – sehr wichtiger – Ansatzpunkt. Denn solange Sie sich nach den vermeintlichen Erwartungen anderer richten, werden Sie immer wieder in die Hochstapler-Falle tappen.

WARUM ES WICHTIG IST, ANDERE ZU ENTTÄUSCHEN

Aus meiner Erfahrung ist der Wunsch, die (vermeintlichen und realen) Erwartungen anderer zu erfüllen, eines der Kernprobleme des Hochstapler-Phänomens. Denn dadurch zeigt man nur die erwünschten Facetten seines Wesens, während die unerwünschten verborgen werden. So verstärkt sich der Gedanke, in Wirklichkeit ja ganz anders zu sein und seiner Umgebung etwas vorzuspielen. Und ein weiteres Problem tritt auf: Wenn Sie sich bemühen, so zu sein, wie Ihr Gegenüber Sie (vermutlich) haben will, wird dieser nie erfahren, wie Sie wirklich sind und wo Ihre Grenzen liegen. Indem Sie unter Anstrengungen das Ergebnis erzielen, von dem Sie denken, dass es erwartet wird, sorgen Sie erst recht dafür, dass man bei Ihnen mehr und mehr eine bestimmte Leistung voraussetzt. Die Spirale dreht sich immer weiter nach oben, bis sie in einer Überforderung endet. Jedes Mal, wenn Sie über Ihre Belastungsgrenzen hinweggehen und nur durch Anstrengung der Vorstellung entsprechen, die jemand anders von Ihnen hat, werden Sie dieses Bild weiter festigen. Das, was Sie mit Ihren Bemühungen vermeiden wollen, rückt immer näher: Irgendwann können Sie das Ideal nicht mehr aufrechterhalten und werden den anderen enttäuschen *müssen.* Und die Enttäuschung wird umso größer, je länger die Täuschung aufrechterhalten wurde.

Merke: Je länger wir eine Enttäuschung vermeiden wollen, desto länger halten wir eine Täuschung aufrecht. Mit zunehmender Dauer verstärkt sich jedoch die Erwartungshaltung uns gegenüber und setzt uns immer mehr unter Druck.

Oliver hat sich seit Eintritt in die Firma sehr um ein gutes Betriebsklima gekümmert. Jahrelang war er stets ansprechbar und galt als Retter in der Not. Wurde er gefragt, ob er helfen könne, sagte er niemals Nein. Dadurch hat sich in seinem Arbeitsumfeld nach und nach eine Erwartungshaltung ihm gegenüber aufgebaut. Als er das erste Mal ein Unterstützungsgesuch mit schlechtem Gewissen ablehnte, war der Kollege, der ihn gefragt hatte, äußerst irritiert. Er war so daran gewöhnt, von Oliver Hilfe zu bekommen, dass er gar nicht auf die Idee gekommen war, dieser könnte seine Bitte zurückweisen.

Sie sehen also, dass Sie etwas verändern müssen. Sie müssen mehr zu Ihren Grenzen stehen und es in Kauf nehmen, auch einmal jemanden zu enttäuschen. Und das je früher, desto besser. Das ist allerdings nicht so einfach. Denn hinter dem Wunsch, andere nicht zu enttäuschen, steckt in Wirklichkeit eine uralte Überlebensstrategie.

SCHATTEN DER VERGANGENHEIT

Können Sie sich noch erinnern, wann Sie das erste Mal versucht haben, sich an die Erwartungen anderer anzupassen? In der Regel beginnt dieses Verhalten bereits in der Kindheit. Als Kind waren Sie komplett von Ihren Eltern abhängig. Sie wären nicht in der Lage gewesen, allein für sich zu sorgen. Daher ist es für Kinder existenziell wichtig, von den Eltern wohlwollend behandelt und versorgt zu werden. Wenn wir uns also so verhalten, dass wir möglichst gemocht, am besten sogar geliebt werden, folgen wir einem Überlebensinstinkt, der in uns verankert ist.

Denken Sie einmal an die alten Kindertage zurück. Wie stolz Sie waren, wenn Sie von Ihren Eltern gelobt wurden. Wie sehr Sie sich gefreut haben, wenn Sie Ihre Mutter zum Lachen gebracht haben. Und wie glücklich Sie waren, wenn Ihr Vater Sie angestrahlt hat. Damals waren Ihre Eltern für Sie die wichtigsten Menschen auf der Welt. Um sie glücklich zu machen und von ihnen geliebt zu werden, haben Sie instinktiv versucht, so zu sein, wie sie es von Ihnen erwarteten.

Kinder spüren oft intuitiv, welche Stimmung um sie herum herrscht und wie es den Eltern geht, ohne dass sie dies in Worte oder mit dem Verstand fassen können. Auch Sie haben das gelernt. Immer besser haben Sie erkannt, was zu Belohnung, Aufmerksamkeit oder Zuwendung führte und welches Verhalten mit Ärger oder mit Ignoranz bestraft wurde. Damals, noch bevor Sie laufen oder sprechen konnten, haben Sie schon begonnen, sich anzupassen.

Merke: Uns anpassen zu wollen beruht auf einem Überlebensinstinkt, der schon seit Geburt in uns besteht.

Bei den meisten Menschen verliert sich der starke Wunsch, die Eltern glücklich oder stolz zu machen, im Lauf der Entwicklung. Je älter das Kind wird, desto mehr Bezugspersonen hat es und desto unabhängiger wird es. Dennoch bleibt die emotionale Bindung zu den Eltern erhalten. Ich habe im Lauf meiner Arbeit als Psychotherapeutin und als Coach kaum einen Menschen kennengelernt, dem die Meinung von Mutter und Vater nicht in irgendeiner Form wichtig gewesen wäre oder der unter der Missachtung seiner Eltern nicht gelitten hätte. Auch wenn wir das nicht gern zugeben. Noch nicht mal vor uns selbst.

Erwartungen erfüllen zu wollen ist also ein Muster, das schon sehr lange in uns besteht. Und wir verstärken es täglich aufs Neue.

Mehrmals am Tag stehen wir vor der Entscheidung, ob wir unseren eigenen Bedürfnissen oder lieber denen von anderen nachgeben sollen. Meist nehmen wir die Anliegen der anderen ernster als unsere eigenen und entscheiden uns für Letzteres. Dadurch gewöhnen wir uns immer mehr daran, uns nach den anderen zu orientieren und unsere Belastungsgrenzen zu ignorieren.

Nun könnte ich Ihnen sagen: Lassen Sie es! Hören Sie auf, sich nach den Vorstellungen der anderen zu richten, und lernen Sie, Nein zu sagen. Doch so einfach ist das natürlich nicht. Die Prägungen aus unserer Kindheit sind zu stark. Zwar sind Sie ein erwachsener Mensch, der schon viele Schwierigkeiten bewältigen musste und jede Menge Lebenserfahrung hat. Doch sobald Sie sich einen Fehler eingestehen müssen oder jemand von Ihnen enttäuscht ist, sind all das Wissen und die Vernunft wie weggeblasen. In diesen Momenten sind Sie nicht mehr der souveräne Erwachsene, der alles im Griff hat, sondern wieder das hilflose, überforderte Kind. Die Strategien, die Sie sich mühsam erarbeitet haben, sind plötzlich nicht mehr zugänglich. So, als ob Sie eine Zeitreise unternommen und dabei vergessen hätten, Ihre Kompetenzen und Ihr Wissen in den Koffer zu packen.

Dass Sie ab und zu auf solch üble Weise in die Vergangenheit zurückkatapultiert werden, ist ganz normal. Sie haben die damaligen Erlebnisse noch nicht vollständig aufgearbeitet. Ihre kindlichen Prägungen sind daher noch aktiv und wirbeln Ihre Gefühlswelt immer wieder mal durcheinander. Lassen Sie uns also diese unguten Prägungen aufspüren und bearbeiten.

Nehmen Sie sich für die folgende Übung ruhig einige Tage Zeit. Die Auseinandersetzung mit diesen noch nicht restlos verheilten inneren Wunden ist eine der wichtigsten Übungen des ganzen Buchs.

ÜBUNG 14: DAS KIND IN MIR

Überlegen Sie sich einmal in Ruhe, wie alt Sie sich fühlen, wenn Sie jemanden enttäuschen müssen oder wieder einmal damit konfrontiert werden, dass Sie einen Fehler gemacht haben. Drei Jahre? Sieben Jahre? Älter? Jünger? Spüren Sie in sich hinein, um das richtige Alter zu finden.

Versetzen Sie sich nun gedanklich in die Zeit zurück, als Sie das entsprechende Alter hatten. Welche Erlebnisse haben Sie spontan vor Augen? Wie war die Situation damals? Welche Schwierigkeiten hatten Sie zu meistern? Falls vorhanden, schauen Sie Fotos von damals an oder fragen Sie Familienmitglieder, an welche Ereignisse sie sich noch erinnern können und wie sie Sie damals wahrgenommen haben.

Ihre Überzeugung, nicht gut genug zu sein, haben Sie in der Kindheit entwickelt. Sehr wahrscheinlich sogar in dem Alter, in das Sie sich emotional zurückversetzt fühlen, wenn Sie wieder einmal »versagt« haben. Der Auslöser für Ihre Selbstzweifel bestand aber nicht nur aus einem einzelnen Ereignis, sondern viele kleine Erlebnisse haben dazu beigetragen. Versuchen Sie herauszufinden, wie dieses Grundgefühl entstanden ist.

Ergänzen Sie so spontan wie möglich den folgenden Satz: *»Als Kind habe ich mich wie ein Versager gefühlt, weil …«*. Schreiben Sie alle Gedanken, die Ihnen dazu einfallen, in das erste Feld von Arbeitsblatt 14. Oliver schrieb auf: *»Als Kind habe ich mich wie ein Versager gefühlt, weil ich meine Mutter nicht immer glücklich machen und ihr nicht alle Sorgen abnehmen konnte.«*

Betrachten Sie anschließend die Sätze, die Sie gerade zu Papier gebracht haben, und lassen Sie sie auf sich wirken. Damals waren Sie ein Kind. Wie würden Sie heute aus erwachsener Sicht die damaligen Geschehnisse beurteilen? Stellen Sie sich dabei vor, es handele sich nicht um Sie selbst, sondern um ein anderes Kind im gleichen Alter. Denken Sie, dass dieses Kind wirklich versagt hat, oder haben Sie mittlerweile eine andere Sichtweise gewonnen? War die Aufgabe, an der das Kind gescheitert ist, altersgerecht und bewältigbar oder eine Überforderung? Ist das Kind überhaupt gescheitert oder hat es das nur so wahrgenommen?

Als Oliver sich mit diesen Fragen auseinandersetzte, wurde ihm klar, dass niemand einem anderen Menschen alle Sorgen abnehmen kann, erst recht kein kleiner Junge. Die Aufgabe, zu der er sich damals verpflichtet gefühlt hatte, war noch nicht einmal für einen Erwachsenen zu meistern. Im Nachhinein konnte er erkennen, dass es für einen Zehnjährigen eine Überforderung gewesen war, die Arbeitssorgen der Mutter anzuhören und nach Lösungen zu suchen.

Mit erwachsenen Augen fällt es leichter, die Umstände realistisch einzuschätzen. Da Kinder sich oft an älteren Geschwistern oder Erwachsenen orientieren, können sie gar nicht realisieren, welche Aufgaben unangemessen sind. Wenn sie dann versagen, sehen sie sich und ihre mangelnde Fähigkeit dafür verantwortlich. Nun können Sie diese Einschätzung korrigieren. Schreiben Sie daher in das nächste Feld, warum Sie damals Ihren eigenen Ansprüchen nicht genügen konnten. Olivers Antwort lautete: *»Kein Mensch, erst recht kein Kind, kann einen anderen Menschen dauerhaft glücklich machen. Und kein Mensch würde das von einem Kind verlangen. Es ist unmöglich.«*

Eigentlich hätten Sie die heutige Erkenntnis damals gut gebrauchen können. Doch nur in einer idealen Welt ist immer jemand zur Seite, der die Bedürfnisse des Kindes spüren und falsche Einstellungen angemessen zurechtrücken kann. Fragen Sie sich einmal, was das Kind, das Sie einst waren, gebraucht hätte, um sich nicht schuldig oder unfähig zu fühlen. Diese Erkenntnisse halten Sie im dritten Feld fest.

In seiner Kindheit fehlte Oliver die Zuversicht, dass seine Mutter stark genug sein würde, ihre Probleme selbst zu lösen und für ihren Sohn immer da zu sein. Er hätte jemanden gebraucht, der ihm die Last der Verantwortung von den Schultern nimmt und dem er sich mit all seinen Sorgen anvertrauen kann. Während des Aufschreibens seiner Bedürfnisse wird Oliver immer mehr bewusst, wie sehr er sich von seinem Vater allein gelassen gefühlt hat und wie groß seine Sehnsucht nach einem starken männlichen Begleiter war.

Wenn Sie das Arbeitsblatt komplett ausgefüllt haben, schreiben Sie abschließend einen Brief an das Kind, das Sie damals waren. In diesem Brief handeln Sie so wie der Erwachsene, den Sie so dringend gebraucht hätten. Durch die Vorüberlegungen und aufgrund Ihrer eigenen Erfahrung spüren Sie in der Regel sehr gut, was Ihnen geholfen hätte, eine andere Grundeinstellung zu gewinnen. Nun können Sie sich selbst rückwirkend helfen. Greifen Sie die Befürchtungen des Kindes auf und entkräften Sie sie. Vermitteln Sie ihm eine andere Sichtweise auf die Geschehnisse und ermutigen Sie es. Sie selbst wissen am besten, welche Worte nötig sind, um das Kind zu erreichen.

Oliver hatte jahrelang unter der Vorstellung gelitten, seiner Mutter keine gute Stütze gewesen zu sein. In einer intensiven Auseinandersetzung mit sich und seiner Vergangenheit konnte er erkennen, dass diese Aufgabe für sein damaliges Alter unangemessen war. Er entwickelte einen verständnisvolleren Blick auf die Geschehnisse und konnte erkennen, was er als Kind geleistet hatte. Als er zum Abschluss in seinem Brief schrieb, dass er auf diesen tapferen Jungen sehr stolz sei, kämpfte er mehrfach mit den Tränen. Anschließend berichtete er, wie es ihn erleichtert hatte, sich selbst noch einmal schwarz auf weiß zu bekräftigen, dass er

Arbeitsblatt 14: Das Kind in mir

Als Kind habe ich mich wie ein Versager gefühlt, weil

....

....

....

....

....

....

....

....

....

Wie sehe ich das nun als Erwachsener? Wenn es sich um ein fremdes Kind handeln würde, wie würde ich die Situation dann beurteilen?

....

....

....

....

....

....

....

....

....

Warum ich damals meinen eigenen Ansprüchen nicht genügen konnte:

....

....

....

....

....

....

....

....

....

....

Was hätte ich als Kind gebraucht, um mich nicht schuldig oder unfähig zu fühlen?

....

....

....

....

....

....

....

....

....

....

damals alles in seiner Macht Stehende getan hatte, und dass ihn keine Schuld trifft.

Denken Sie daran, dass Sie in schwierigen Situationen wieder wie das Kind von damals denken und fühlen. Legen Sie also den Brief, den Sie an Ihr jüngeres Ich geschrieben haben, an einen Ort, auf den Sie gut zugreifen können. Wenn Sie sich wieder wie ein Versager fühlen und die alten Wunden erneut schmerzen, nehmen Sie das Schreiben zur Hand und lesen Sie es durch.

SCHRITT FÜR SCHRITT VOM KIND ZUM ERWACHSENEN

Sich selbst noch einmal zu verdeutlichen, welche Schwierigkeiten Sie schon überwunden haben, kann Ihnen helfen, sich stärker und fähiger zu fühlen. Und so beginnen Sie ganz langsam, Ihre schlechte Meinung über sich selbst zu hinterfragen. Doch warum fallen wir überhaupt in diese alten Muster zurück? Und warum ganz besonders im Job?

Vermutlich haben Sie schon Parallelen zwischen der Arbeitswelt und Ihrer Ursprungsfamilie ziehen können. Je mehr Sie die Konstellation am Arbeitsplatz an das Familiensystem Ihrer Kindheit erinnert, desto wahrscheinlicher ist es, dass Sie in bestimmten Situationen wieder wie das Kind von damals reagieren. Diese »Querverbindungen« müssen noch nicht einmal offensichtlich sein. Ihr Vater und Ihr Chef können zum Beispiel grundverschiedene Persönlichkeiten sein, aber trotzdem beide ein Gefühl der Machtlosigkeit in Ihnen auslösen. Alter und Lebenssituation Ihrer Kollegin und Ihrer Schwester stimmen vielleicht nicht überein, aber beide wenden sich hilfesuchend an Sie, wenn sie mit dem Vater beziehungsweise mit dem Chef Probleme haben.

Merke: Auch wenn wir uns in bestimmten Situationen noch wie das Kind von damals fühlen, sind wir es längst nicht mehr. Heute verfügen wir über Möglichkeiten, die wir damals nicht hatten.

Suchen Sie daher gezielt Gemeinsamkeiten, um zu verstehen, warum Sie gelegentlich in die Vergangenheit zurückkatapultiert werden. Prüfen Sie immer wieder, in welchen Situationen Sie sich hilflos und unfähig fühlen, und überlegen Sie dann, welche Kindheitserinnerungen durch sie geweckt werden. Nun sind Sie aber längst kein Kind mehr, sondern eine gereifte und lebenserfahrene Person, die ihr Leben selbst in die Hand nehmen kann. Je klarer Sie sich darüber bewusst sind, desto leichter wird es Ihnen fallen, aus dem kindlichen Modus wieder auszusteigen.

ÜBUNG 15: HEUTE IST DAS ANDERS

Die folgende Übung nenne ich »Diskriminationsübung«. Sie hilft Ihnen, die Unterschiede zwischen jetzt und damals festzustellen. Füllen Sie dazu das Arbeitsblatt 15 auf Seite 206 aus und beantworten Sie für sich folgende Fragen:

Was ist heute anders als damals?

Zum Beispiel sind Sie nicht von Ihrem Chef abhängig. Als Kind konnten Sie nicht einfach Ihre Familie verlassen und sich eine neue Familie suchen. Sie waren allein gar nicht überlebensfähig. Die heutige Situation ist dagegen deutlich günstiger. Sie können jederzeit kündigen. Sie können selbst für sich sorgen. Sie sind von niemandem abhängig.

Was weiß ich heute, was ich früher noch nicht wusste?

Als Kind wussten Sie noch nicht viel von der Welt. Sie waren auf Erwachsene angewiesen, um grundlegende Zusammenhänge zu verstehen. Doch Ihre Eltern waren nicht allwissend, sondern haben manchmal auch falsche Informationen weitergegeben. Denken Sie daran, dass nicht alles, was Sie von Ihren Eltern gelernt haben, wahr ist.

Sie selbst können nun entscheiden, wie Sie die Dinge betrachten. Sie haben einen Schatz an Wissen sowie Fähigkeiten, die Sie als Kind noch nicht entwickelt hatten. Schreiben Sie alle Ihre Kompetenzen und Lernerfahrungen auf.

Welche Ressourcen stehen mir heute zur Verfügung, die ich früher noch nicht hatte?

Wenn Sie sich überfordert fühlen, ist es, als wären Sie allein und hilflos. So, wie es als Kind tatsächlich gewesen sein mag. Aber mittlerweile sind Sie erwachsen. Sie haben ein soziales Netz, verdienen vermutlich eigenes Geld und haben Möglichkeiten, sich zu helfen oder helfen zu lassen. Notieren Sie alle Ressourcen, auf die Sie im Notfall zurückgreifen können.

Die Diskriminationsübung soll Ihnen noch einmal ganz bewusst vor Augen führen, dass Ihre Situation sich geändert hat: Die Voraussetzungen sind andere als früher, vor allem haben Sie selbst sich verändert. Sie sind gewachsen und reifer geworden. Sie verfügen über weitaus mehr Kompetenzen als vor zwanzig oder noch mehr Jahren. Immer, wenn Sie in die kindliche Ohnmacht und in das Gefühl, unfähig zu sein, abrutschen, nehmen Sie das Arbeitsblatt nochmals zur Hand. Machen Sie sich bewusst, dass Sie zwar wie damals fühlen, aber nicht mehr das Kind sind, das Sie einmal waren.

Arbeitsblatt 15: Heute ist das anders

Was ist heute anders als damals?

Was weiß ich heute, was ich früher noch nicht wusste?

Welche Ressourcen stehen mir heute zur Verfügung, die ich früher noch nicht hatte?

Gehen Sie nun innerlich einen Schritt zur Seite und beobachten Sie sich, als wären Sie Ihr eigener Therapeut. Sagen Sie sich, dass Sie von alten Gefühlen heimgesucht werden, die nicht mehr viel mit dem erwachsenen Menschen zu tun haben, der Sie heute sind – auch wenn diese Gefühle zum Teil immer noch sehr überzeugend wirken. Gerade dann, wenn Sie wieder einmal sehr verzagt sind, lesen Sie sich noch einmal den Brief vor, den Sie an sich selbst geschrieben haben. Auch er kann Ihnen helfen, aus dem Kindmodus wieder in den Erwachsenenmodus zurückzufinden.

Ein selbstfürsorglicher und verständnisvoller Umgang mit den eigenen Grenzen ist das Allerwichtigste, um aus dem Impostor-Teufelskreis auszusteigen. Machen Sie sich immer wieder deutlich, dass Anpassung früher eine Überlebensstrategie war. Nun aber sind Sie erwachsen und können für sich selbst sorgen. Sie müssen keine Erwartungen mehr erfüllen, dürfen so sein, wie Sie sind, und sind trotzdem gut genug.

SELBSTREFLEXION:
Wie kann ich mich selbst verstehen und besser unterstützen?

- In welchen Situationen fühle ich mich wieder wie ein Kind? Was sind die Auslöser dafür?
- Inwiefern erinnert mich meine Lebenssituation an damals?
- Wo sehe ich Unterschiede zwischen damals und heute?
- Wie beurteile ich meine kindliche Leistung im Gegensatz zu früher?
- Was hätte ich als Kind gebraucht, um mich nicht unfähig zu fühlen? Wie kann ich mir diese Unterstützung heute noch geben?
- Was hilft mir, aus dem kindlichen Erleben auszusteigen?

KAPITEL 10

SCHREIBEN SIE IHRE LEBENSGESCHICHTE NEU

Marla streift nachdenklich durch den Wald. Die Schönheit der Natur, das Vogelgezwitscher und der Tannenduft erreichen sie jedoch kaum, denn in Gedanken ist sie ganz woanders. »Früher bin ich oft allein durch den Wald gelaufen«, erinnert sie sich. »In der Ruhe der Natur konnte ich einfach immer am besten nachdenken. Das hat sich bis heute nicht geändert.«

Sie lässt ihre Gedanken schweifen. Die letzte Aufgabe ihres Psychologen hat es wirklich in sich. Seit einer Woche arbeitet sie nun daran, ihre Lebensgeschichte genauer unter die Lupe zu nehmen. Viele Emotionen hat sie seitdem durchlebt: Trauer, Scham, Bedauern, aber auch Stolz. Je mehr sie sich mit ihrer Vergangenheit auseinandersetzt, desto mehr beginnt sie zu verstehen. »Erst jetzt ist mir wirklich klar geworden, was sich da abgespielt hat. Wie bei einem Puzzle fügen sich alle Teilchen nun ineinander. Ich kann plötzlich erkennen, warum ich so gehandelt habe, und dass all meine Entscheidungen ganz logisch waren. Es hat sich so viel getan in mir in den letzten Monaten.«

In diesem Augenblick ist Marla ganz erfüllt von einem inneren Vertrauen. Sie weiß, dass es noch ein weiter Weg ist und dass sie immer wieder an sich und ihrer Kompetenz zweifeln wird, aber sie spürt auch, dass sie auf der richtigen Spur ist. Die Auseinandersetzung mit sich selbst gibt ihr Klarheit. Ein Gefühl von Dankbarkeit gegenüber ihrem Psychologen steigt in Marla hoch. Er hat ihr so sehr geholfen, hat ihr die richtigen Impulse gegeben und vor allem wieder das Vertrauen in sich selbst geweckt. In ihrem Kopf klingen seine letzten Worte nach: »Schreiben Sie Ihre Lebensgeschichte neu«, hat er gesagt und sie dabei aufmunternd angelächelt. »Danke!«, flüstert sie leise vor sich hin. »Das werde ich!«

WAS SIE AUS DER VERGANGENHEIT LERNEN KÖNNEN

Als letzten Schritt möchte ich Sie noch einmal ganz gezielt durch die verschiedenen Etappen Ihres Lebenswegs führen. So wie Marla werden auch Sie dadurch viele neue Einblicke gewinnen. Vielleicht haben Sie ja bislang mit Ihrem Schicksal gehadert oder sich so manche Entscheidung vorgeworfen. Das ist normal, denn der innere Zerrspiegel zeigt uns die Ereignisse natürlich in einem ungünstigen Licht. Doch wenn Sie mit meiner Unterstützung genauer hinschauen, werden Sie beginnen, Zusammenhänge zu verstehen, und sich selbst aus einem anderen Blickwinkel betrachten können.

Mit der Rückschau auf die Vergangenheit ist es ein bisschen wie mit einem Film, den Sie bereits kennen. Die Geschichte wirkt beim zweiten Ansehen plötzlich ganz anders. Details, die Ihnen vorher unwichtig schienen, haben nun eine Bedeutung. Die handelnden Personen wirken von Anfang an sympathischer oder auch unsympathischer als beim ersten Mal, und Sie sehen auch plötzlich Zusammenhänge, die Ihnen zuvor völlig entgangen sind. Dieses Phänomen ist unvermeidbar, denn wir wissen bereits, wer welche Rolle spielt und was sich ereignen wird. Und diese Informationen können wir nicht einfach ausblenden. Unser Urteil wird dadurch wesentlich beeinflusst.

So ist es auch mit unserer Lebensgeschichte. Wenn wir zurückblicken, tun wir das immer mit dem heutigen Informationsstand. Und so beurteilen wir unsere damaligen Handlungen automatisch mit dem Wissen, dass sie zum gewünschten Ergebnis geführt haben oder eben nicht. Aus diesem Grund müssen wir uns immer vor Augen halten, dass eine bestimmte Entscheidung oder Verhaltensweise nicht per se falsch war, da wir ja zum Zeitpunkt der Handlung noch gar nicht ahnen konnten, was sich entwickeln würde. Machen Sie sich das immer wieder bewusst: Damals wussten Sie nicht, was Sie jetzt wissen.

Merke: Die Entscheidung, die wir getroffen haben, war die beste, die wir mit unseren damaligen Kenntnissen und Fähigkeiten treffen konnten. Rückwärts lässt es sich immer besser erkennen, welches Verhalten zielführend war und welches nicht. Leben müssen wir aber vorwärts.

Es bringt Ihnen somit wenig, sich bestimmte Verhaltensweisen vorzuwerfen und wegen eines Ereignisses zu hadern, das Sie nun nicht mehr ändern können. Doch Sie können daraus lernen, um in Zukunft anders zu reagieren. Indem Sie sich mit Ihrer Vergangenheit auseinandersetzen, werden Sie immer besser begreifen, was Sie zu Ihrer Entscheidung veranlasst hat.

Oft lässt sich bei genauerem Hinsehen ein bestimmtes Muster erkennen, eine Art roter Faden, der sich durch Ihr Leben zieht. Sie werden feststellen, dass Sie immer wieder mit ähnlichen Problemen konfrontiert sind, sozusagen mit Variationen des gleichen Themas. Denn unbewusst handeln wir immer nach demselben Schema, das wir in der Kindheit erworben haben. Es ist ein bisschen so, als ob wir auf eine bestimmte Vorgehensweise programmiert wären, die Inhalte des Programms aber nicht kennen, sondern nur die Auswirkungen sehen. Auch heute noch, viele Jahre später, werden Sie Parallelen entdecken können zwischen Ihrem jetzigen und Ihrem damaligen Leben. Wenn Sie aus dem Impostor-Dasein endgültig aussteigen wollen, müssen Sie also zunächst einmal herausfinden, welche Muster in Ihnen immer noch aktiv sind.

Greifen Sie also nach einem Stift, nehmen Sie sich viel Zeit und schauen Sie Ihr Leben mit dem aufmerksamen Blick eines Forschers noch einmal genau an. Mit den letzten drei Übungen wartet eine Menge Schreibarbeit auf Sie. Lassen Sie sich davon nicht abschrecken, sondern halten Sie Ihre Überlegungen unbedingt schriftlich fest. Dadurch setzen Sie sich intensiver mit Ihrer Geschichte auseinander und können eine größere Wirkung erzielen.

Merke: Jede Lebensphase bietet Herausforderungen, die wir bewältigen müssen. Die daraus gewonnenen Erfahrungen helfen uns, innerlich zu wachsen. Können wir eine Lebensphase nur suboptimal lösen, wirkt sich das auf die noch kommenden Phasen aus.

ÜBUNG 16: DIE STATIONEN MEINES LEBENS

Nehmen Sie Ihre Lebensgeschichte noch einmal unter die Lupe. Auf dem Weg ins Erwachsensein mussten Sie mehrere Phasen bewältigen. Die Strategien, die Sie dabei angewandt haben, ähneln oft denen, die Sie auch heute noch aktivieren.

Kleinkindalter: Gleich nach Ihrer Geburt waren Sie mit der ersten großen Aufgabe konfrontiert: Sie waren hilflos und mussten sich darauf verlassen, von anderen ausreichend versorgt zu werden. Die einzige Möglichkeit der Einflussnahme, die Sie hatten, war Schreien. Wenn Ihre Bedürfnisse damals angemessen gestillt werden konnten, trägt Sie das dadurch gewonnene Urvertrauen oft ein Leben lang. Konnten Ihre Eltern jedoch nicht gut auf Sie eingehen, ist bei Ihnen vielleicht ein Gefühl von Mangel und Benachteiligung entstanden, das irgendwie kompensiert werden musste, sei es durch übermäßige Kontrolle oder durch ein vermehrtes Bedürfnis nach Aufmerksamkeit. Überlegen Sie anhand der Fragen, die ich im Arbeitsblatt 16 für Sie zusammengestellt habe, wie Ihre Ausgangssituation war und ob es Ihnen generell leichtfällt, Vertrauen zu fassen.

Vorschulalter: Ab etwa drei Jahren haben Sie ein eigenes Selbstbild entwickelt. Sie haben gelernt, was Sie tun müssen, um das zu bekommen, was Sie wollen. Die meisten Verhaltensmuster, die Sie im Erwachsenenalter an sich beobachten können, haben sich bereits in dieser Phase herausgebildet. Das Vorbild der Eltern war dafür enorm wichtig, denn Sie hatten ansonsten ja kaum eine andere Informationsquelle. So können falsche Rollenerwartungen und nachfolgend Schuldgefühle entstanden sein. Finden Sie heraus, welche Prägungen Sie erlernt haben und welche Rolle Sie in der Familie gespielt haben.

Schulalter: Mit dem Eintritt in die Schule wurden Sie mit einem ganz neuen System konfrontiert. Ihre Leistung wurde plötzlich mit Noten bewertet und dadurch messbar und vergleichbar gemacht. Wenn Sie in dieser Phase nicht die Erfahrung machen konnten, dass Ihre Leistung ausreichend ist und Sie ganz unabhängig von ihr wertvoll sind, so kommt das für das Impostor-Phänomen so typische Gefühl, fehl am Platz und nicht gut genug zu sein, spätestens jetzt zur vollen Ausprägung. Setzen Sie sich daher mit den Fragen zu Ihrer Schulzeit auseinander und wie Sie mit Leistungsdruck umgegangen sind.

Jugendzeit: Je älter Sie wurden, desto mehr waren Sie auch Einflüssen außerhalb Ihrer Familie ausgesetzt. Freunde wurden wichtiger. Die Herausforderung in dieser Phase war es, sich langsam vom Elternhaus abzulösen und einen stabilen Selbstwert zu entwickeln. Wenn dies nicht gut gelingt, so werden Sie immer wieder versuchen, jemand anders zu sein, als Sie eigentlich sind. Fragen Sie sich also, welche Erfahrungen Sie in dieser wichtigen Zeit der Selbstfindung gemacht haben.

Erwachsenenleben: Als Erwachsener übernehmen Sie Verantwortung im Beruf und auch privat. Vielleicht engagieren Sie sich zusätzlich in Ihrer Freizeit für Themen, die Ihnen wichtig sind. Die Erfahrung zu machen, dass Sie etwas in der Welt bewirken können und dass Ihr Engagement sich auszahlt, ist die prägendste in dieser Phase. Bleibt Ihnen diese Erfahrung fremd, werden Sie sich unzulänglich fühlen und das Leben wird Ihnen sinnentleert erscheinen. Wenn Sie genau hinsehen, werden Sie bemerken, wie sehr die früheren Erfahrungen (die, die Sie gemacht haben, ebenso wie die, die Sie nicht gemacht haben) Sie auch jetzt noch beeinflussen. Überlegen Sie also zum Abschluss, welche Parallelen Sie zwischen Ihrem jetzigen Leben und früheren Lebensphasen erkennen können.

Wenn Sie das Arbeitsblatt 16 auf der nächsten Doppelseite »geschafft« haben, haben Sie sich durch einen ganzen Berg von Fragen hindurchgewühlt. Die Auseinandersetzung mit den einzelnen Lebensphasen wird Ihnen helfen, noch besser zu erkennen, wie Sie mit den Herausforderungen des Lebens bislang umgegangen sind. Sie können sich so Ihr heutiges Verhalten besser erklären und in Bezug zu damaligen Schwierigkeiten setzen. Zudem werden Ihnen wiederkehrende Muster mehr bewusst.

Arbeitsblatt 16: Die Stationen meines Lebens

Gehen Sie jede wichtige Entwicklungsphase in Ihrem Leben einzeln durch und beantworten Sie stichpunktartig die folgenden Fragen:

1. **Kleinkindphase: Ausbildung von Urvertrauen**
   - ► Waren Sie ein Wunschkind? Hatten Sie das Gefühl, ersehnt und geliebt zu sein, oder fühlten Sie sich eher als Belastung für Ihre Eltern? In welchen Beziehungen (privat und beruflich) hat sich dieses Gefühl (geliebt oder lästig zu sein) fortgesetzt?
   - ► Waren Sie eher ein vertrauensvolles Kind oder versuchten Sie, so unabhängig wie möglich von anderen zu sein? Wie ist das heute?
   - ► Welche Enttäuschungen und Verluste (Trennungen, Abschiede) mussten Sie in Ihrer frühen Kindheit erleben? Wie haben Sie sich darüber hinweggetröstet? Wie gehen Sie heute mit Enttäuschungen um?
   - ► Welche kindlichen Bedürfnisse konnten in Ihrer Familie nicht erfüllt werden? Wie versuchen Sie heute, diese Bedürfnisse zu erfüllen?

2. **Vorschulphase: Entwicklung von Identität und Selbstbild**
   - ► Wie ging man mit Ihnen um, wenn Sie Gefühle gezeigt haben? Wie reagierten Ihre Eltern, wenn Sie Fehler gemacht haben oder trotzig waren?
   - ► Welche Rolle hatten Sie im Familiensystem inne? Hat Sie diese Rolle überfordert?
   - ► Welche Strategien haben Sie als Kind angewandt, um geliebt oder gelobt zu werden? Wenden Sie diese Strategien auch heute noch an – z. B. im Beruf oder im Freundeskreis?
   - ► Wie sehr konnten die Eltern auf Ihre Bedürfnisse eingehen? War ein Elternteil erkrankt? Gab es finanzielle oder berufliche Sorgen bei den Eltern? Wie haben sich die Sorgen der Eltern auf Sie ausgewirkt?
   - ► Wie sind Sie mit Anweisungen umgegangen? Haben Sie sich eher gefügt oder rebelliert? Wie geht es Ihnen heute in Bezug auf Vorgesetzte? Sehen Sie Parallelen zu Ihrem Verhalten gegenüber den Eltern?

3. **Schulzeit: Umgang mit Leistung und Leistungsdruck**
   - Wie war der Übergang in die Schule? Welche Reaktionen gab es, wenn Sie eine schlechte Note mit nach Hause gebracht haben? Wie haben Sie sich vor Prüfungen gefühlt?
   - Welche Vorstellung hatten Sie von Ihrer eigenen Kompetenz? Welche Vorstellung hatten die Eltern davon? Was denken Sie heute in Bezug auf Ihre Kompetenz? Was hat sich verändert?
   - In welchen Situationen hatten Sie das Gefühl, versagt zu haben? Welche Erlebnisse haben die Überzeugung, nicht gut genug zu sein, verstärkt?

4. **Jugendalter: Abgrenzung vom Elternhaus, Selbstwertstabilisierung**
   - Welche besonderen Ereignisse gab es während Ihrer Jugendzeit? Welche Beziehungen waren wichtig für Sie?
   - Hatten Sie Ihren Eltern gegenüber ein schlechtes Gewissen, wenn Sie mit Freunden etwas unternommen haben? Was haben Sie vor Ihren Eltern verheimlicht?

5. **Erwachsenenleben: Übernahme von Verantwortung, Selbstwirksamkeitserleben**
   - Wie verliefen die Zeit der Ausbildung und der Einstieg ins Berufsleben? War die Bewerbungszeit eher kurz oder lang? Welche Chancen haben Sie ergriffen, welche ausgeschlagen?
   - Wie ist das Berufsleben? Gibt es Konstellationen, die Sie an Ihre Ursprungsfamilie erinnern? An welches Familienmitglied erinnert Sie Ihr Chef? Welche Ihrer Kollegen ähneln Ihren Geschwistern?
   - Welche Rolle spielt Ihre berufliche Stellung für Ihren Selbstwert?

Als Marla ihre Kindheitserfahrungen noch einmal Revue passieren ließ, wurde ihr klar, dass die berufliche Situation deutliche Parallelen zu ihrer Schulzeit aufwies. Damals hatte sie die Hausaufgaben heimlich gemacht und vor ihren Eltern verschwiegen, dass sie für gute Noten lernen musste. So hatte sie sich immer mehr wie eine Betrügerin gefühlt. Auch heute noch hat sie ein schlechtes Gewissen, wenn sie Überstunden macht, um eine Auftragsarbeit fertigzustellen. Während sie damals ihre Eltern stolz machen wollte, ist es nun der Chef, den sie zufrieden sehen möchte. Und so, wie sie sich gegenüber ihren Eltern schämte, wenn sie eine schlechte Note schrieb, so schämt sie sich jetzt, wenn sie in ihrer Präsentation einen Fehler macht. Beim genaueren Hinblicken konnte Marla erkennen, wie sich ein bestimmtes Thema wiederholt: Von der Schulzeit über das Studium bis hin zur heutigen Arbeitsstelle macht sich das Gefühl breit, nicht intelligent genug zu sein und den Aufwand verheimlichen zu müssen, den sie für gute Leistungen betreiben muss. Lediglich die Personen, denen sie gefallen will, hatten gewechselt.

Schauen auch Sie genau hin, wie sich die Impostor-Überzeugungen durch Ihr Leben ziehen. Wann versuchten Sie eine Rolle auszufüllen, die Ihnen nicht entspricht? Inwiefern ähnelt die heutige Situation der in Ihrer Kindheit? Gegenüber welchen Personen empfinden Sie ähnlich, wie Sie damals als Kind gegenüber Ihren Eltern gefühlt haben, und warum?

Diese Überlegungen geben Ihnen Klarheit, wie es bei Ihnen überhaupt zum Impostor-Phänomen gekommen ist und auch welche Verhaltensmuster dafür sorgen, dass Sie immer wieder glauben, nicht gut genug zu sein.

UNGEWÖHNLICHE LÖSUNGEN

Wenn wir uns mit unserem Werdegang beschäftigen, werden uns nicht nur Parallelen auffallen, wir können auch besser verstehen, warum wir so handeln, wie wir handeln. Dass wir immer wieder dasselbe Verhalten zeigen, bedeutet nicht etwa, dass wir ungemein lernresistent sind. Wir wiederholen vielmehr eine Lösungsstrategie, die vor vielen Jahren nötig (und nützlich) war.

Wie Ihnen in der vorigen Übung sicher bewusst geworden ist, hatten Sie mit vielen Herausforderungen zu kämpfen, und nicht immer haben Sie dabei adäquate Unterstützung erhalten, um die notwendigen Entwicklungsschritte problemlos zu meistern. Wenn Sie keine gute Anleitung erhalten haben, haben Sie sich selbst eine Lösung zurechtgelegt. Die Verhaltensweisen, an denen Sie immer wieder verzweifeln, sind in Wirklichkeit kindliche Strategien, um mit den Anforderungen zurechtzukommen, die das Leben an Sie gestellt hat.

Wenn Sie an Ihrer eigenen Leistung zweifeln, ist es sehr verständlich, dass Sie sich vor Prüfungen, Präsentationen und dergleichen so fertigmachen. Es ist nun mal Ihre Art, mit Leistungsdruck umzugehen, da Sie in Ihrer Kindheit keine bessere Möglichkeit erlernt haben. So können wir jede einzelne Impostor-Verhaltensweise erklären: Jemand, der kein gesundes Vertrauen entwickeln konnte, muss sich immer wieder zu Höchstleistungen antreiben und Fehler vermeiden, da er sich nicht auf das Wohlwollen anderer verlassen kann. Und eine Person, die keinen stabilen Selbstwert entwickeln konnte, wird dazu neigen, es allen recht zu machen, weil sie dadurch die Angst lindern kann, fallen gelassen zu werden.

Sie sehen also, dass Ihr heutiges Verhalten ein Defizit kompensieren soll, das Sie damals nicht ausgleichen konnten. Denken Sie aber auch daran, dass Sie Ihr jetziges Verhalten aus der Sicht eines Erwachsenen beurteilen. Als Kind hatten Sie ganz andere Denkweisen und haben die Situation entsprechend anders eingeschätzt.

Oliver beispielsweise fragt sich immer wieder, warum er sich als Kind nicht einfach einem Lehrer oder besser noch seiner Mutter anvertraut hat. Hätte er ihr von seinen Nöten erzählt, so hätte sie ihm die Verantwortung für ihr Wohlergehen abnehmen und so manche verzerrte Sichtweise korrigieren können. Aus jetziger Sicht kann er über sich selbst nur den Kopf schütteln, dass er es sich so schwer gemacht hat. Als er sich aber mit Hilfe seines Psychotherapeuten mit dieser Frage beschäftigt, wird ihm klar, dass er als Kind gar nicht anders handeln konnte. Er war so sehr davon überzeugt, dass seine Mutter zusammenbrechen würde, wenn er sie auch noch mit seinen Problemen belastete, dass er es nie wagte, mit ihr darüber zu sprechen. Aus dem gleichen Grund konnte er sich auch keinem anderen anvertrauen. Zu groß war seine Sorge, dass man seine Mutter darauf ansprechen würde. Daher schwieg er und stemmte die Last der Verantwortung für sich und seine Mutter ganz allein. Die Angst, die Mutter vielleicht irgendwann zu verlieren, konnte er dadurch abmildern, dass er sich immer wieder anfeuerte, noch besser zu werden. Wenn er es nur schaffte, perfekt zu werden, könnte er verhindern, dass seine schlimmsten Befürchtungen einträfen. Das Streben nach Perfektion bot ihm einen Ausweg aus seinen Ängsten und gab ihm das Gefühl von Kontrolle.

Als ihm klar wurde, dass es dem Jungen von damals aus verschiedenen Gründen nicht möglich gewesen war, Hilfe zu holen, konnte Oliver staunend erkennen, mit welchen Schwierigkeiten sein Weg ins Erwachsenenleben gepflastert war. Ihm wurde immer deutlicher bewusst, dass er hier nicht die Geschichte eines

Versagers vor sich hatte, sondern eines tapferen kleinen Jungen, der überdurchschnittlich viel geleistet hatte.

Und noch einen weiteren wichtigen Aspekt konnte Oliver endlich verstehen: Das Gefühl der Hilflosigkeit, das er als Junge so stark empfunden hat, überträgt er nun auf seine Mitmenschen. Wenn er jemanden abweist, könnte dieser sich so alleingelassen und überfordert fühlen wie er sich als Kind. Dies möchte er um jeden Preis vermeiden. Dass aber der andere vielleicht gar nicht so hilfsbedürftig ist wie der kleine Oliver von damals, darüber hatte er bislang nie nachgedacht.

Auch Sie waren als Kind mit Problemen konfrontiert, die Sie auf Ihre Weise gelöst haben, weil Sie sie nicht anders bewältigen konnten. Schauen Sie also genau hin, ob Ihre Denkweise und Ihr Verhalten Ihnen damals geholfen haben.

ÜBUNG 17: DER GRUND FÜR MEIN VERHALTEN

Sie haben sich in der vorigen Aufgabe mit Ihrer Entwicklung auseinandergesetzt. Nehmen Sie sich Ihre Aufzeichnungen noch einmal vor. Sie werden Ihnen helfen, Ihre Reaktionen besser einzuordnen.

Zunächst überlegen Sie, welche Auswirkungen des Impostor-Phänomens Sie am meisten stören. Beschreiben Sie diese so genau wie möglich. Gehen Sie nun in Gedanken zurück in Ihre Kindheit: Wann haben Sie erstmals so gehandelt, gedacht und gefühlt? Fragen Sie, wenn möglich, auch Ihre Familie, wann dieses Verhalten aufgefallen ist.

Jede Lebensphase erfordert ihre ganz eigenen Entwicklungsschritte. Prüfen Sie anhand Ihrer Aufzeichnungen von Übung 16, welche Probleme Sie damals bewältigen mussten. In welchen Bereichen hätten Sie mehr Unterstützung gebraucht, diese aber – aus

Arbeitsblatt 17: Der Grund für mein Verhalten

Mit welchen meiner Denk- oder Verhaltensweisen hadere ich immer wieder?

....

....

....

....

....

In welcher Entwicklungsphase habe ich zum ersten Mal so reagiert? Welche Angst oder welches Bedürfnis steckte dahinter?

....

....

....

....

....

Inwiefern hat mir mein Verhalten geholfen, das Problem zu lösen?

....

....

....

....

....

welchen Gründen auch immer – nicht bekommen? Welche Strategien haben Sie angewandt, um die Schwierigkeiten allein zu überwinden? Inwiefern hat Ihr Verhalten dazu beigetragen, dass Sie mit diesen Herausforderungen umgehen konnten?

Durch diese Übung wird Ihnen bewusst, dass Sie damals kaum anders handeln konnten. Und vielleicht können Sie nun besser erkennen, welche schwierigen Situationen Sie ohne Unterstützung bewältigt haben. Würdigen Sie zuletzt die Anpassungsleistung, die Sie als Kind und später auch als Erwachsene(r) erbringen mussten, um Ihr Leben zu meistern, und tragen Sie alle Überlegungen, die Sie dazu angestellt haben, in das Arbeitsblatt 17 ein. Schauen Sie nun mit verändertem Blick noch einmal auf Ihr Leben.

IHR LEBEN AUS EINER GANZ ANDEREN PERSPEKTIVE

Biografie-Arbeit – also die Auseinandersetzung mit der eigenen Lebensgeschichte – ist ein wichtiger Bestandteil in der Psychotherapie. Im Laufe meines Berufslebens habe ich daher schon viele Lebensläufe erzählt bekommen und gelesen. Sosehr sich die Geschichten auch voneinander unterschieden, jede einzelne berührte mich. Trennungen, Verluste, Verletzungen und Enttäuschungen spielten in allen Berichten eine wesentliche Rolle. Ich staunte jedes Mal über die Kreativität, mit der die Betroffenen Lösungen gefunden haben, um Beeinträchtigungen zu überwinden. Und ich empfand eine Hochachtung davor, wie sie sich auch an schwierige Situationen angepasst haben. Wenn ich ihnen dies zurückmeldete, waren meine Patientinnen und Patienten erstaunt. Sie hatten vor allem die Mängel und Schwächen wahrgenommen, aber nie realisiert, welche Leistung sie zeit ihres Lebens erbracht hatten. Ihnen wurde erst durch meine Rückmeldung klar, wie stark sie in Wirklichkeit waren.

Vor allem Menschen mit Impostor-Phänomen tut dieser Perspektivenwechsel gut: weg vom Mangel, hin zum inneren Reichtum. Sie sehen ihr Leben oft als eine Aneinanderreihung von Misserfolgen und ignorieren komplett, welche Schwierigkeiten sie auf ihrem Weg überwinden mussten und auch ganz allein überwunden haben. Manchmal braucht es erst jemand anderen, der uns »den Spiegel vorhält«, weil wir das Offensichtliche nicht sehen können.

Lassen Sie nun also endgültig Ihren inneren Zerrspiegel hinter sich und werfen Sie einen Blick auf die Person, die Sie wirklich sind. Entdecken Sie gemeinsam mit mir, was andere schon längst vor Ihnen erkannt haben: Sie sind gut! Denn Sie haben schon sehr viele Probleme in Ihrem Leben aus eigener Kraft bewältigt.

ÜBUNG 18: MEINE ERFOLGSSTORY

Können Sie sich noch an die Aufsätze in der Schule erinnern? Damals durften beziehungsweise mussten Sie zu einem bestimmten Thema eine seitenlange Geschichte schreiben. Eine ähnliche Aufgabe möchte ich Ihnen zum Abschluss des Buchs stellen: Schreiben Sie Ihre Lebensgeschichte einmal auf – und zwar als Erfolgsgeschichte. Das Thema lautet: *»Wie ich es geschafft habe, allen Widerständen zu trotzen und zu dem Menschen zu werden, der ich jetzt bin.«*

Da jede einzelne Geschichte ganz individuell ist, fehlt hier im Anschluss ein Arbeitsblatt. Ich möchte Ihnen dazu keine Vorgabe machen. Und natürlich wird es auch keine Note dafür geben. Aber Sie werden merken, dass diese letzte und sehr intensive Auseinandersetzung mit sich selbst ganz viel bewirken wird.

Nehmen Sie sich für diese Übung ruhig mehrere Tage Zeit, es lohnt sich. Meine Patienten berichteten oft, dass das Aufschreiben der eigenen Biografie sehr viel in ihnen und vor allem in ihren Grundeinstellungen veränderte.

Auch Marla hat sich an diese Aufgabe gewagt. Sie berichtet: *»Ursprünglich habe ich mich lange vor dem Schreiben meiner Erfolgsstory gedrückt. Ich hatte Angst, etwas zu vergessen oder es ganz falsch zu machen und dann keinen Effekt zu verspüren. Aber dann wurde mir bewusst, dass das einfach mal wieder meine alten Ängste waren. Ich habe ja mittlerweile gelernt, dass ich nicht mehr die Schulbank drücke und es auch keine Noten mehr gibt. Na ja, und als ich dann angefangen habe, sind die Worte nur so aus meiner Feder geflossen. Ich habe so manches Mal geweint, weil ich die alten Gefühle nochmals durchlebt habe. Gleichzeitig habe ich gestaunt, wie reich mein Leben doch bisher gewesen ist. Reich an Ereignissen, Erfahrungen, Schwierigkeiten und Erfolgen. Ich glaube, ich habe nun wirklich eine ganz andere Sicht darauf. Immer wenn jetzt die Angst kommt, eine Präsentation nicht gut genug hinzukriegen, muss ich schmunzeln und denke mir, ich habe schon ganz andere Dinge bewältigt.«*

Nun haben Sie den letzten Samen gesät, um langsam, aber sicher aus dem Impostor-Phänomen herauszuwachsen. Zum ersten Mal haben Sie Ihr Leben in einem anderen Licht betrachtet. Ich wünsche Ihnen, dass Ihnen jeden Tag ein bisschen bewusster wird, wie gut Sie tatsächlich sind und was Sie bereits alles geleistet haben.

SELBSTREFLEXION:

Wie beurteile ich meine Lebensgeschichte?

- Welche Verhaltensmuster ziehen sich durch meine Kindheit und mein Erwachsenenleben?
- Wo sehe ich Parallelen zwischen jetzt und damals?
- Welche Ängste oder Bedürfnisse versuche ich durch meine Impostor-Strategien in den Griff zu bekommen?
- Mit welchen besonderen Schwierigkeiten hatte ich als Kind zu kämpfen? Wie habe ich diese damals gelöst?
- Wie sieht meine Erfolgsgeschichte aus?

KAPITEL 11

AUF ZU NEUEN UFERN

»Oliver, ist irgendwas? Du wirkst so abwesend.« Petra schaut besorgt zu ihrem Mann, der gedankenversunken seit fünf Minuten in der Kaffeetasse herumrührt. »Hat es was mit dem Gespräch zu tun, das du nächste Woche mit deinem Chef führen wirst?« – Oliver taucht aus seinen Überlegungen auf. »Ja, du hast recht«, beginnt er, »darum geht es. Im Gespräch möchte ich meine berufliche Zukunft im Betrieb ansprechen. Ich bin mir nämlich gar nicht mehr so sicher, ob ich dort bleiben möchte.« – Petra ist erstaunt, aber auch ein bisschen enttäuscht. Sie hat ihren Mann in der letzten Zeit verändert erlebt, selbstbewusster und weniger ängstlich. Würden seine Selbstzweifel nun wieder von vorne beginnen?

Oliver sieht ihr ins Gesicht. »Was würdest du sagen, wenn ich kündige und mich nochmal beruflich umorientiere? Es ist nicht, was du denkst«, wiegelt er sofort ab, als er den Blick seiner Frau bemerkt. »Ich denke nicht darüber nach, weil ich mir meinen derzeitigen Job nicht zutraue. Es ist nur so: Seit mehreren Wochen beschäftige ich mich nun mit meiner Vergangenheit, und mir ist klar geworden, dass ich gar nicht das Leben führe, das mir wirklich entspricht. Ich habe damals nach der Schule die Ausbildung gemacht, um möglichst bald eigenes Geld zu verdienen und meine Mutter entlasten zu können. Und da kam der Betrieb gelegen. Den Chef mochte ich, also bin ich einfach dortgeblieben. Ich habe das nie hinterfragt – bis jetzt. Aber jetzt merke ich, dass ich nicht das tue, was mich beflügelt. Am liebsten würde ich noch einmal studieren und Lehrer werden.«

Petra starrt ihren Mann fassungslos an. So kennt sie ihn gar nicht. Es würde eine große Veränderung in ihrer beider Leben bedeuten, aber irgendwie kann sie sich diesen feinfühligen und klugen Menschen sehr gut als Lehrer vorstellen. »Außerdem«, fährt Oliver fort, »hätte ich als Lehrer auch etwas mehr Zeit für meine Familie.« Er blickt sie dabei so intensiv an, dass Petra unwohl wird. – »Was meinst du damit?« – »Ich …«, stottert er, »ich wollte dich fragen, ob du dir vorstellen könntest, mit mir Kinder zu bekommen?« – Klirrend fällt Petras Kaffeelöffel auf die Untertasse. Sie ist völlig verwirrt. »Aber du hast doch immer gesagt, dass du dir keine Kinder wünschst? Eigentlich war ich es ja, die gerne Kinder gehabt hätte, aber du hast doch immer abgeblockt.« – »Ja, das stimmt«, entgegnet Oliver. »Aber mir wird immer klarer, dass das meine eigenen Ängste waren. Die Angst, als Vater zu versagen. Die Angst, meine Kinder so zu überfordern, wie ich damals überfordert war. Aber ich glaube, dass ich ein guter Vater sein könnte. Ich werde sicher Fehler in der Erziehung machen, aber ich werde definitiv nicht die Fehler meiner Mutter wiederholen. Ich glaube, mit dem, was ich erfahren habe, kann ich meinen Jungs einen guten Start ins Leben ermöglichen.« – Petra muss grinsen, dass Oliver so selbstverständlich von Jungs spricht, als könnte er sich das Geschlecht aussuchen. »Lass uns die nächsten Tage in aller Ruhe darüber sprechen. Aber weißt du was? Ich mag den neuen Oliver, den ich da vor mir habe. Und ich mag seine Zukunftspläne.« Lächelnd beugt sie sich über den Tisch und drückt ihm ein Küsschen auf die Nase.

Zum Schluss möchte ich Sie noch auf etwas hinweisen: Wenn Sie die Übungen durchführen und Schritt für Schritt Ihre Impostor-Gefühle hinter sich lassen, wird sich nicht nur der Blick auf sich selbst verändern. Sobald Sie Ihren Alltag nicht mehr von Ängsten und Unfähigkeitsgedanken bestimmen lassen, können neue

Wünsche auftauchen, die Sie vorher nicht zu träumen gewagt haben.

Vielleicht haben Sie in der intensiven Auseinandersetzung mit sich selbst erkannt, dass Sie ein Leben führen, das viele Menschen glücklich macht – nur nicht Sie. Möglicherweise werden Sie nun einige Dinge in Ihrem Leben hinterfragen und verpasste Gelegenheiten bedauern. Dadurch kann erst einmal ein Gefühl von Unzufriedenheit auftreten, aber gleichzeitig haben Sie so auch die Chance, das Leben zu entwickeln, das voll und ganz Ihren Bedürfnissen entspricht.

Das ist auch gut so. Denn solange Sie nach dem alten Muster weiterleben und hauptsächlich die Erwartungen anderer erfüllen wollen, werden Sie Gefahr laufen, immer wieder in eine Rolle zu schlüpfen, die nicht passend für Sie ist. Kein Wunder also, dass Sie sich dann erneut wie ein Hochstapler fühlen. Haben Sie dagegen Ihren Alltag nach und nach Ihren eigenen Bedürfnissen angepasst, fällt es viel leichter, einfach Sie selbst zu sein.

Doch selbst in einem maßgeschneiderten Leben werden ab und zu die alten Impostor-Gedanken auftreten und Sie verunsichern. Das durfte ich auch erfahren, als ich begonnen habe, dieses Buch zu schreiben. Das ist normal und sollte Sie nicht beunruhigen. Entscheidend ist vielmehr, wie schnell Sie sich wieder aus dem Einfluss Ihres Zerrspiegels befreien können. Dafür habe ich hier abschließend noch einige Tipps für Sie.

DAS KLEINE IMPOSTOR-EINMALEINS

Ich kann mich noch gut erinnern, wie wir in der Grundschule das Einmaleins gelernt haben. Immer wieder wurden wir abgefragt, bis die Antworten irgendwann wie aus der Pistole geschossen kamen. Heute muss ich nicht lang überlegen, wenn man von mir wissen will, wie viel 8 × 4 ergibt. Und das ist auch notwendig, denn viele Berechnungen basieren darauf. Würden wir diese Grundlagen nicht beherrschen, wären so manche unserer Kalkulationen falsch.

Auch beim Impostor-Phänomen gibt es ganz grundlegende Aussagen, die Sie verinnerlichen sollten. Sie helfen Ihnen, nicht immer aufs Neue dem inneren Zerrspiegel auf den Leim zu gehen. Ich habe die Aussagen bewusst sehr vereinfacht, um sie einprägsamer zu gestalten. Wiederholen Sie sie immer wieder, bis Sie sie selbst mitten in der Nacht und ohne nachzudenken wiedergeben können.

GUT GENUG IST BESSER ALS PERFEKT

Vergessen Sie den Gedanken an Perfektion. Zum einen werden Sie diese nie erreichen und also immer unzufrieden mit sich sein, zum anderen kostet es unverhältnismäßig viel Zeit, Dinge, die doch schon gut genug sind, noch besser zu machen. Sollten Sie also wieder einmal einen Fehler entdeckt haben und mit sich hadern, so rufen Sie sich ins Gedächtnis, dass Sie keine Maschine sind, sondern zum Glück ein Mensch.

ES KÖNNEN NICHT ALLE GEISTERFAHRER SEIN

Wenn Ihnen mehrere Leute sagen, dass Sie eine gute Leistung abgegeben haben, dann glauben Sie das einfach einmal. Es ist so viel wahrscheinlicher, dass *Sie* auf dem falschen Dampfer unterwegs sind, als alle anderen. Sie mögen vielleicht denken, dass Sie sich selbst doch am besten einschätzen können, aber das stimmt nicht. Sie sind die Person, die am meisten voreingenommen ist. Lassen Sie sich also getrost von der Mehrheit überstimmen, auch wenn Sie einen ganz anderen Eindruck haben.

TRAU NIEMALS BLINDLINGS DEINEM KRITIKER

Wir zweifeln oft an unserer Kompetenz und an den Rückmeldungen der anderen, aber unseren inneren Kritiker hinterfragen wir so gut wie nie. Wenn er sagt, dass wir nicht gut genug waren und noch besser werden müssen, glauben wir ihm dies unbesehen. Doch unsere Selbstkritik basiert nicht auf einer realen Tatsache, sondern auf der Angst vor Ablehnung oder vor anderen negativen Folgen. Daher zweifeln Sie die eigene Einschätzung immer wieder an, schauen Sie, welche Indizien dafür und welche dagegen sprechen.

DIE WELT BESTEHT NICHT NUR AUS HUNDEHAUFEN

Eine Wiese erfreut uns mit schönen Blumen, aber oft gibt es dort auch Hundehaufen. Wenn Sie Angst haben, in einen davon hineinzutreten, werden Sie sich nur noch auf diese fokussieren und die Schönheit der Natur übersehen. So ist es auch mit Ihren eigenen Stärken und Schwächen. Machen Sie sich immer wieder bewusst, dass Sie nicht nur aus Unzulänglichkeiten bestehen – so wie auch die Welt nicht nur aus Hundehaufen besteht. Konzentrieren

Sie sich nicht ausschließlich auf die Mängel, aus Angst, einen Fehler zu machen, sondern richten Sie den Blick auf Ihre Erfolge und Leistungen.

EIGENLOB STIMMT

Würdigen Sie Ihre Leistungen und Stärken, auch wenn Sie in Ihrer Kindheit gelernt haben, dass es nicht angebracht ist, sich selbst zu loben. Das kräftigt Ihr Selbstbewusstsein und reduziert die Selbstzweifel. Pflegen Sie also die Liste Ihrer Erfolge und lesen Sie sie immer wieder durch.

ANGST IST KEIN GUTER RATGEBER

Oft vermeiden wir Herausforderungen oder bereiten uns übermäßig darauf vor, weil wir Angst haben zu versagen. Dadurch können wir aber keine neuen Erfahrungen machen und nie herausfinden, wie gut wir wirklich sind. Wir verbleiben in unserer Angst und vergrößern sie dadurch sogar. Nehmen Sie Ihre Angst also wahr, aber sorgen Sie dafür, dass diese nicht die Richtung vorgibt.

AUCH GEFÜHLE KÖNNEN IRREN

Lassen Sie sich nicht ausschließlich von Ihren Gefühlen leiten, misstrauen Sie vor allem solchen, die Ihr Selbstbewusstsein attackieren. Geben Sie ihnen keinen Raum: Wenn Sie sie aufschreiben und den Zettel anschließend zerreißen, verbrennen oder anderweitig entsorgen, können Sie sich am besten von ihnen distanzieren.

Ähnlich wie das regelmäßige Zähneputzen sollten Ihre Anti-Impostor-Strategien ganz routinemäßig ablaufen. Wenn Sie erst darüber nachdenken müssen, sind sie zu wenig in Ihnen präsent und Sie werden sie über kurz oder lang wieder bleiben lassen. Gewöhnen Sie sich daher an, jeden Abend aufzuschreiben, was Sie an diesem Tag gut bewältigt haben, welche positiven Rückmeldungen Sie bekommen haben und worauf Sie stolz sein können. Die dazugehörige Übung finden Sie im 5. Kapitel. Je mehr Sie sie in Ihre Abendroutine übernehmen, desto stärker wird Ihnen dieses Denken in Fleisch und Blut übergehen. Sehen Sie es als Vorsorge und als tägliches geistiges Training an. Die Übung erfordert oft nur wenige Minuten, aber Ihre Wahrnehmung und Ihre Selbsteinschätzung werden sich dadurch nachdrücklich verändern. Lesen Sie sich zudem das kleine Impostor-Einmaleins immer wieder durch, bis Ihnen die einzelnen Sätze in Fleisch und Blut übergegangen sind und Sie sie sofort anwenden können, wenn Sie wieder einmal an sich selbst zweifeln oder sich kritisieren.

Mit dem Impostor-Einmaleins sind Sie nun bestens ausgerüstet, um sich und die Welt ganz neu zu entdecken und immer wieder über sich selbst zu staunen. Aus eigener Erfahrung kann ich Ihnen sagen: Sich nicht mehr als Hochstapler zu fühlen, ist befreiend. Sie werden sich mehr und mehr zutrauen und immer wieder feststellen, wie gut Sie in Wirklichkeit sind.

Ich freue mich, dass Sie mir durch die einzelnen Etappen gefolgt sind, und bin gespannt, was Ihnen auf Ihrem Weg zu sich selbst begegnet. Daher schreiben Sie mir gern unter info@coaching-azur.de und berichten mir, welche Erfahrungen Sie mit meinen Übungen gemacht haben und mit welchen Schwierigkeiten Sie vielleicht noch kämpfen. Zudem biete ich auch Unterstützung in

Form von individuellem Coaching an, falls Sie jemanden suchen, der Ihnen dabei hilft, Ihren inneren Zerrspiegel zu zerschlagen.

Nun aber leben Sie los! Ich wünsche Ihnen alles Gute dabei.

Ihre
Michaela Muthig

EPILOG

»Meinen Sie das ernst?« Marla starrt ihren Chef an, das Herz klopft ihr bis zum Hals. Soeben hat sie erfahren, dass in einer anderen Abteilung eine Position im unteren Management zu besetzen ist und ihr Chef sie für den Posten empfohlen hat.

»Ich meine …«, mühsam versucht Marla, sich zu sammeln. Schließlich soll ihr Vorgesetzter nicht das Gefühl bekommen, dass es eine absurde Idee war, sie zu fragen. »Ich meine: Was hat Sie an mich denken lassen?« – Der Chef muss lächeln, als er die junge Frau beobachtet, die so offensichtlich ihre Aufregung verbergen möchte. »Ich habe Sie vorgeschlagen, weil Sie wirklich gute Arbeit hier machen. Sie sind zuverlässig, fleißig und gewissenhaft. Wenn ich Ihnen eine Aufgabe übertrage, so weiß ich sie in guten Händen. Natürlich kommt mein Angebot nun etwas überraschend. Wollen Sie darüber nachdenken und mir in den nächsten Tagen Bescheid geben?« – »Ja, das werde ich gern tun.«

Als Marla das Büro des Chefs verlässt, schwirrt ihr der Kopf. Die neue Stelle würde einen gewaltigen Satz auf der Karriereleiter bedeuten. Und gleichzeitig eine ziemlich große Verantwortung mit sich bringen. Soll sie es wagen? Noch vor einigen Wochen hätte sie abgesagt, weil sie sich mit dieser Aufgabe überfordert gefühlt hätte. Doch jetzt? – »Es hat sich so viel verändert«, denkt Marla. »Ich habe mich geändert. Langsam beginne ich zu begreifen, dass ich wirklich gut bin. Nicht perfekt, aber doch sehr gut. Zum ersten Mal freue ich mich auf die neue Herausforderung. Ich bin sicher, dass ich daran wachsen werde. Und: Ja, ich werde den Job annehmen. Ich trau mir das zu!« Als sie ihr Büro betritt, öffnet sie erst einmal das Fenster, schließt die Augen und atmet tief ein. Sie spürt die Sonne auf der Haut und ein kribbelndes Gefühl von Vorfreude. Das Leben ist schön!

DANK

Ich möchte mich ganz herzlich bei allen bedanken, die zur Entstehung dieses Buchs beigetragen haben.

Danke meinem liebsten Schatz für die hilfreichen Anregungen, die es mir ermöglicht haben, die eigentlichen Kernaussagen des Impostor-Phänomens noch klarer herauszuarbeiten.

Danke meinem Papa für die vielen sprachlichen Anregungen, die das Buch verständlicher gemacht haben.

Danke, Petra, für das Testen der Übungen und die hilfreichen Rückmeldungen.

Danke an meine Familie und Schwiegerfamilie: Ihr seid meine treuesten Fans und habt immer an mich geglaubt.

Danke an meine Lektorin Rosemarie Mailänder und an den dtv-Verlag. Dadurch hat mein Buch noch den letzten, entscheidenden Schliff bekommen. Ohne sie wäre es nie so schön geworden.

Und zuletzt danke ich all meinen Klienten. Sie sind mir Lehrer und Vorbild, denn erst durch sie habe ich das Wissen erworben, welche Techniken die hilfreichsten sind.